口絵1 ● 株主優待も企業価値を構成する一部

長期的には、株価は企業価値に近づいていく。そのため、この両者を常に比較し、株価が企業価値に追いついていない銘柄を買うことで利益獲得を狙える。

さらにその際、優待面での価値や特性も考慮すれば、ローリスク・ミドルリターンの投資を実現できる

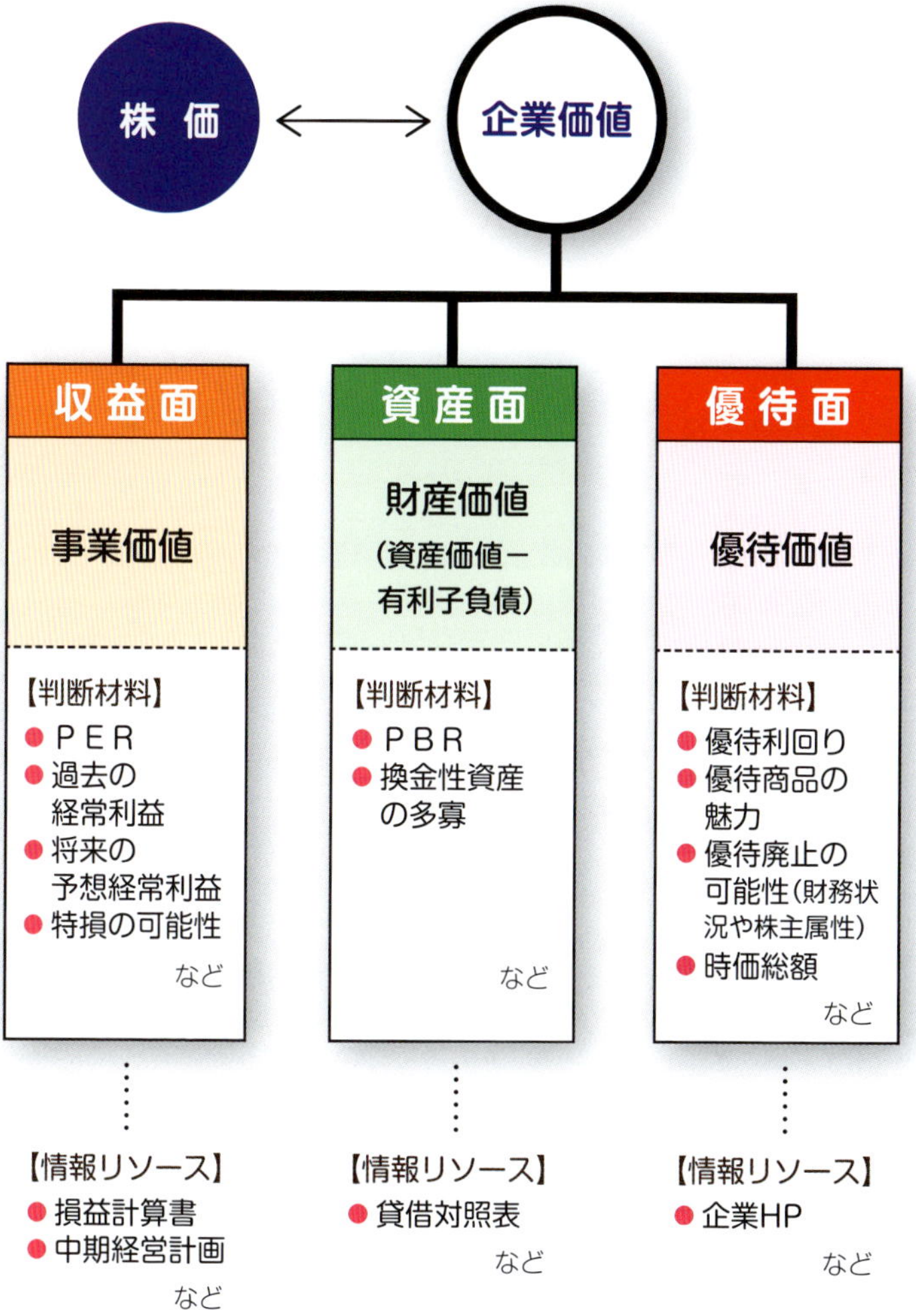

口絵２ ● 東証２部から１部へ昇格する際の主な形式要件

2015. 7現在

重要！ **株主数**	**2,200人以上**
やや重要！ **流通株式**	a. 流通株式数　２万単位以上 b. 流通株式時価総額　20億円以上 c. 流通株式数（比率） 上場株券等の35%以上
売買高	申請日の属する月の前の月以前３ヶ月間、およびその前の３ヶ月間の月平均売買高 200単位以上
重要！ **時価総額**	**40億円以上**（指定時見込み）
純資産の額	連結純資産の額が10億円以上、 かつ単体純資産の額が負でないこと （指定時見込み）
利益の額※1 （または時価総額）	次のａまたはbのいずれかに適合すること： a. 最近２年間の経常利益合計　５億円以上 b. 時価総額が500億円以上（最近１年間における売上高が100億円未満の場合を除く）
虚偽記載、または不適正意見の有無	a. 最近５年間の有価証券報告書等に「虚偽記載」なし b. 最近５年間は「無限定適正」、または「除外事項を付した限定付適正」 c. 次の(1)・(2)に該当しないこと (1)最近1年間の内部統制報告書に「評価結果を表明できない」旨の記載あり (2)最近1年間の内部統制監査報告書に「意見の表明をしない」旨の記載あり
単元株式数	100株（指定時見込み）

※１　利益の額は、連結経常利益金額に少数株主損益を加減したもの

注１　東証２部ではなくJASDAQ、マザーズ、その他の地方市場などから東証１部に直接上場する場合は、ここに示した要件とは別の要件が適用されます。

注２　ここに示したのは要件の一部であり、このほかにもいくつか要件があります。また、これらの要件は変更されることがあります。

出典：東京証券取引所「新規上場ガイドブック2014（市場第一部・第二部編）」より一部を抜粋
「重要！」などの吹き出しは筆者が追記したもの

昇格期待の優待バリュー株で1億稼ぐ！

v-com2 著

すばる舎

東証1部へ昇格する株に先回りして あなたも「億り人」をめざしましょう！

決して手の届かない目標ではない

「30代や40代のうちに、投資で1億円の資産をつくった人たちが周りにたくさんいる」

あなたの家族や会社の同僚にそんな話をしたら、一体どういう反応が返ってくるでしょう？ 多くのケースでは、「そんな人がたくさんいるわけがない」とか、「何か悪いことをして稼いだに違いない」などと、まともに受け取ってもらえないのではないでしょうか？ あるいは「自分には縁のない話だね」と、別の世界の話として片づけられてしまうかもしれません。

しかし、実は私の周りにはそういう人、個人投資家の世界ではよく「**億《おく》り人《びと》**」と呼ばれる方たちが、とてもたくさんいます。

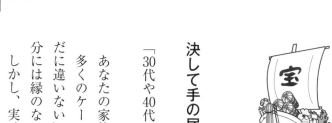

私、v-com2（「ブイコムツー」と読みます）は、ネット上で株式投資に関するブログ、「21世紀投資」を運営している個人投資家です（投資の話を赤裸々にしていますから、当然本名ではなくハンドルネームです）。

おかげさまで、かれこれ8年ほどブログを続けさせてもらっているのですが、これだけ長くブログを運営していると、同じような投資ブログを運営しているさまざまなブロガーさんたちと、それなりに交流が生じます。

ときには「ダイヤモンドZAi」や「日経マネー」といった投資雑誌に記事が掲載されたり、座談会に呼ばれたりすることもあるので、ネットで有名な投資ブロガーさんの何人かとは、直接顔を合わせる機会もありました。もちろん、情報収集のために自らさまざまな投資ブログを見て回ることもあります。

そうして接する投資ブロガーさんたちのなかには、すでに資産額が1億円を突破している方がたくさんいます。ですから、ふだんから「億り人」の方たちとたくさん交流している、ということになるわけです。

また、私のケースは少々特殊ですが、実は読者のみなさんの周りにも、あなたが気づいていないだけで「億り人」は想像以上に多くいるようです。

クレディ・スイスが発表した「２０１４年度グローバル・ウェルス・レポート」では、ざっくり1億円となる１００万ドル以上の資産を持つ人、つまり「億り人」が、日本に約２７３万人いるとしています。日本の人口を1・2億人として単純計算すると、これは全人口の２・27％に当たります。しかも、２０１９年までの5年間で、その人数は１・７倍程度にまで増えると予想されているそうです。

日本人が１００人いれば、実はそのうちの2～3人は億り人なのです（より一般的な呼び方では「億万長者」さん）。その辺りを歩いている人たちのなかにも、確実に何人かは億り人がいるわけです。

本書を読んでいる読者のみなさんのなかにも、そうした「億り人」になりたいと考える個人投資家さんがたくさんいらっしゃるでしょう。もちろん私自身も、「億り人」をめざして日々、株式投資に向き合っています。

20代の半ばにわずか**20万円から株式投資を始め**、優待株投資やバリュー株投資といった手法を次第に身につけてきました。さらにそこに、東証1部昇格株への投資という独自のノウハウを結びつけて利益を積み重ね、**現在の金融資産は9000万円台**になっています。以前から目標としてきた1億円の大台は、決して手の届かない夢の金額ではなくなり、あと少し頑張ればいよいよ手が届く段階にまで辿り着いています。

本書は、そんなふうに現在進行形で「億り人」をめざして奮闘中の私が、その過程で編み出してきた投資手法を紹介する本です。

これまで、投資雑誌などで部分的にそのノウハウを紹介することはあったのですが、今回、書籍として体系的にノウハウをまとめる機会をいただきました。そこで、より多くのみなさんにその手法を知ってもらおうと考えて、執筆したのが本書です。

のちほど詳しく解説していきますが、私の投資手法は地道に資産を増やしていくもので、短期間のうちに資産を何倍にもする、といった類のものではありません。しかしだからこそ、ごく普通の人でも同じように取り組めるノウハウになっていると考えます。また、私自身まだ別の仕事を本業にしているように、専業の投資家ではないサラリーマンやOLの方でも実践可能な投資法になっています。

資産1億円の「億り人」は、決して不可能な目標ではありません。本書をきっかけとして、みなさんも大きな目標を本気でめざしてみてはいかがでしょうか？

優待を楽しみながら昇格を待つ

それでは、私が提唱する投資法とはどんなものなのか、最初に全体像について紹介しておきましょう。

最近では株主優待を実施する企業がますます増え、株主優待の獲得を主目的とする優待株投資が、個人投資家のみなさんに非常に人気があります。各種の投資雑誌でも頻繁に特集されているため、実際にいくつかの優待株に投資をしている、という方も多いでしょう。

私が提唱する投資法でも、この株主優待を重視します。

しかし、単に優待だけを目的として投資するのではありません。それだけでは、正直かなりもったいないのです。

株主優待の背後にある企業の意図などに着目し、戦略的に利益の機会を見つけることをめざします。なかでも**株主優待を銘柄発掘のきっかけにし、東証1部への昇格を狙っている企業を事前に見つけ出して、昇格に先回りすることで大きな利益獲得を狙います。**

結果として、株主優待の楽しみと、株価の値上がり益のどちらも享受できる投資になる、というわけです。

もちろん、優待を出している企業はどれも東証1部への昇格を狙っている、というわけではありませんから、どの優待株企業が東証1部への昇格を狙っているのかを、さまざまな情報から判断しなければなりません（すでに1部に上場している企業も多く優待を出していますし、昇格を狙っていない企業でも優待を出しているケースはたくさんあります）。

また、昇格を狙っている優待株ならどれでもよいというわけでもありませんから、投資に値する割安な銘柄かどうか、見極めるノウハウも必要です。

投資初心者の状態から、こうした東証1部昇格を意識した優待バリュー株投資を行えるようになるには、おおよそ以下のようなステップが必要になるでしょう（これは、私自身が辿ったステップでもあります）。

● **「投資初心者」さんのステージ**
←
● **「優待株投資」のステージ（第1章）**
←
● **「バリュー株投資」のステージ（第2章）**

● 「優待バリュー株投資」のステージ（第3章）←
● 「優待バリュー株投資＋昇格株投資」のステージ（第4章）←

そこで、本書でもこのステップに沿って、順番に必要なノウハウを解説していきます。投資経験が豊富な読者さんにとっては、すでによく理解している部分もあるかもしれません。その場合には不要な章は飛ばして読んでいただいても、問題を生じないつくりにしてあります。

さて、私の投資手法についてここまでに説明した内容をまとめると、次ページの図1のようになります。

- **優待株投資の視点**
- **バリュー株投資の視点**
- **昇格株投資の視点**

図１　本書で提唱する投資手法の全体イメージ

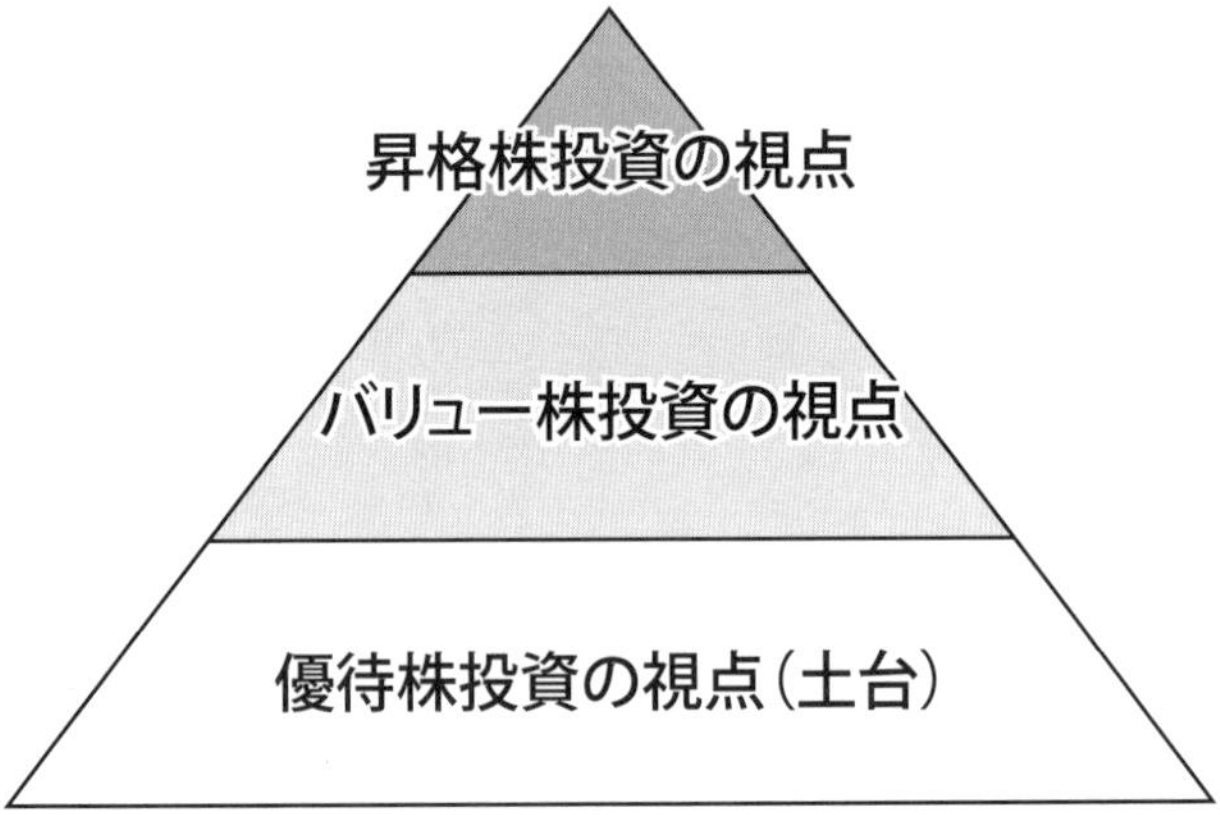

この３つの視点から、本当に魅力的な株、つまりどこかの時点で株価が大きく上昇する可能性が高い株を、探せるようになることをめざします。

この３本柱を意識することによって、値下がりする可能性が低く、かつ値上がりする可能性が高い銘柄を探していくのです。

本書のキーワードは「**視点**」です。将来のスター銘柄を発掘するには、自分のなかに何かしらの基準がなければなりません。その基準となる「視点」をたくさん紹介できれば、と考えています。

株式投資が面白いのは、正解がいくつもあるところです。本書ではさまざまな視点やノウハウを紹介していきますが、市場のほうも刻一刻と変化し続けます。

ですからいま有効なノウハウが、将来も有効だとは限りません。現実の市場で本書のノウハウを実際に活用し、ときにはもがきながら、少しずつ自分の世界を変えていってほしいと願っています。

世のなかに溢れる情報のなかには、「明日からすぐに、ラクラク儲かる！」みたいなものもたくさんあります。しかし、そんな美味しい話が、誰でも手に入るところにゴロゴロ転がっているはずがないのです。大きな目標を実現するには、正しい方向に一歩一歩、着実に歩んでゆくしかありません。逆にそれさえできたなら、いつのまにか、当初は想像もしていなかった世界にまで辿り着いているものです。

本書で提唱する投資法は、そうした着実な投資を志す方にとっては最適なものだと自負しています。ぜひ、みなさんの実際の投資にも、活かしてみてください！

v-com2

※巻末には、東証1部昇格が期待される銘柄を集めた袋とじも収録しています。参考になさってください。

もくじ

第1章

「優待株投資」の扉を叩いて投資家のステージに登る！

お得感が大きくて始めやすい

優待株は1200銘柄もある!

これまでまったく株式投資をしたことがない、という投資初心者さんの場合には、**まずは「優待株投資」にデビューする**ことをお勧めします。ここで言う優待株投資とは、自分がほしい株主優待をゲットすることを、最優先目標にする投資のことです。

そもそも株主優待とは、企業の株を買うと年に1回か2回、配当金とは別にさまざまな特典を受け取れる制度のこと、あるいはその際にもらえる特典そのものを指す言葉です。

企業が株主優待の制度を導入する目的はさまざまですが、元来は自社のファンづくり、という意図で始まった制度でしょう。株主は、少なくともその会社に興味を持ってくれている人たちなので、会社に対して真剣に意見を言ってくれる人が多いです。そこで、自社製品を優待にしてアンケートを取ったり、自社の商品やサービスを無料で利用できる権利を与えて、より安定的な顧客や株主になってもらおうとしたのです。

ですから、たとえば化粧品会社なら自社の化粧品、外食会社なら自社の店舗で使えるお食事券といった感じで、自社の商品やサービスを株主優待として提供する企業が、いまでも多数派を占めています。

しかし、そうした優待が人気になってきたことで、株価を維持したり上昇させたりすることを主目的として、株主優待を実施する企業も増えてきました。この場合には優待品は自社商品でなくともかまいませんから、金券や商品カタログ、食品や日用品などなど、株主が喜ぶ物品、サービスならば、なんでも優待品として提供される状況が生まれています。

それによって優待株投資はますます人気が出て、いまでは全上場企業の3分の1に当たる約1200社が、なんらかの株主優待制度を用意しています。

こうした株主優待の権利を得ることを目的として、株を買う投資が「優待株投資」です。

数万円から始められる

優待株には、購入に何十万円も必要になる銘柄もありますが、10万円以下で買える銘柄もたくさんあります。5万円程度から買える優待株もそれなりにありますから、まずは好みのネット証券で証券口座を開設し、いくらかの余裕資金を入金したら、どこでもいいので優待を実施している企業の株を買ってみることです。

最初は必要投資金額が少額の優待株のなかから、興味がある優待がもらえる株に投資してみましょう。

すると、数ヶ月程度で実際に優待品が送られてきます。多くのケースでは配当金も振り込まれるでしょう。そうして実際に優待を手にすると、優待株投資の楽しさを実感できるはずです。この楽しさやお得感は、実際に体験してみなければなかなかわかりません！

また、実際に自分のお金で株を買うことにより、投資や経済に関するさまざまなニュースにも、少しずつ興味が出てくることでしょう。

投資家としての習慣や意識が自然に身につく

いったん優待の楽しさがわかると、ほかの優待の権利もゲットしたくなるものです。

主な優待株とその優待内容が一覧になった本や雑誌がたくさん出版されていますので、最初はこういったものを読んで、ほしい優待を選んでいくのが大変楽しいはずです。大抵の場合は優待品の写真も載っているので、ますます優待がほしくなります。

また、普通は配当金の利回りと優待の利回りを合算した「配当+優待利回りの数字」なども記載されています。そうした数字も意識していきましょう。それにより、投資に必要な数字に関する感性も、自然に身についていきます。

そしてこの段階では、**優待株投資に関する個人投資家のブログを読む習慣をつける**ことを、ぜひお勧めします。

「株主優待　ブログ」といったワードで検索すると、たくさん出てきます。お気に入りのブログを見つけて、毎日読んでみましょう。そうすると、本や雑誌にはまだ掲載されていない最新の株主優待や、多少マイナーな優待の情報なども入手できます。優待の内容だけでなく、それをどう活用したらよいのか、さまざまなお得情報も日々発見できるでしょう。

普段使っている近所のスーパーやレストラン、カフェ、カラオケ、居酒屋など、自分の生活圏内で使える優待を提供している優待株がないか、探してみるのも楽しいものです。

こうした情報収集を、習慣として毎日できるようになってくると、あとは投資に必要な資金を準備して株を買うだけ。立派な「**優待マニア**」さんの出来上がりです!

一度、優待株投資にはまってしまうと、次から次へとほしい優待株が出てきて、優待株投資の世界にのめり込んでしまうことでしょう。優待株投資には、それだけの魅力があります。

生活費の節約に大いに役立つ

優待での「0円生活」も実現可能

いまでは、多少なりとも投資に関心のある人には、株主優待の制度がかなり認知されていま す。ですからそうした「優待マニア」さんとでも呼ぶべき個人投資家が、確実に増えています。

それでは、優待株投資を始めて「優待マニア」さんになったあと、この投資法の究極の目標地点となるのはどこなのでしょう?

もちろん人それぞれだとは思いますが、ひとつの方向性としては「**優待の活用による生活費の節約**」が挙げられるでしょう。

前述したように、近年では優待品の内容が多様化し、日常生活で必要とする物品やサービスのほとんどを優待で賄《まかな》うことも不可能ではなくなっています。

実際に、テレビや雑誌に登場する最高レベルの優待マニアさんのなかには、日々、優待企業から届けられる株主優待商品に囲まれて、株主優待を利用して買った衣類で全身を固め、自分で消費する量以上のお米を優待で確保し、外での食事やレジャーもすべて株主優待券で支払う、といった生活をしている猛者《もさ》たちがたくさんいます。

もっとも有名なのは、元プロ棋士でもある桐谷広人《きりたにひろと》さんでしょう。

膨大な優待券を使用期限内に使い切るため、これも優待で入手したママチャリを猛然と漕いで都内各地を走り回り、ひたすら優待を使いまくってほとんど現金を使わず日々を楽しむ姿がテレビでまで放映され、大人気になっています。

投資雑誌や週刊誌などにも頻繁に登場するようになっているので、記事を目にした方も多いのではないでしょうか？

桐谷さんは極端な例ですが、実は桐谷さんが有名になる以前から、優待を生活費の節約目的で使っている人はたくさん存在していました。

なかでも、私がまだ投資初心者のころから、10年来ほとんど毎日チェックを欠かしたことがない有名ブログ、「毎日優待三昧」のブログ主のｒｉｋａさんは、個人投資家の世界では大変有名な方です。

まだ私が20代のころには（ちなみに、いまは30代半ばです）、優待で日々の暮らしをお得に楽しむｒｉｋａさんの姿をブログで拝見し、将来はこの人以上に優待を使える状態になることをめざそう、などと意気込んでいたものです。

ほかにも、昔から有名な「優待マニア」さんのブログがたくさん存在しています。楽しく優待を使いつつ生活費の節約をする、という視点で優待株投資をしている人が、実にたくさんいることが、これらのブログを見ているとよくわかるのです。

節約分を再投資することで、大きな資産形成も可能

読者のみなさんは、何も桐谷さんの「0円生活」のレベルをめざさなくてもかまいません。しかし、少しずつでも生活費の節約をすることを主目的として優待株への投資をするのは、なかなかによい投資スタンスになると思います。

たとえば年間数万円程度の優待獲得レベルでも、その分は生活費の節約ができます。少しずつではあっても、生活がラクになっていくのです。

そうして優待株投資が次第に拡大し、入手できる優待の量が増えてくると、**優待の活用で節約できた資金を、貯蓄や再投資に回すことで、資産増加のスピードを雪だるま式に加速する**ことが可能になってきます。

図2 株主優待を活用した雪だるま式の資産形成

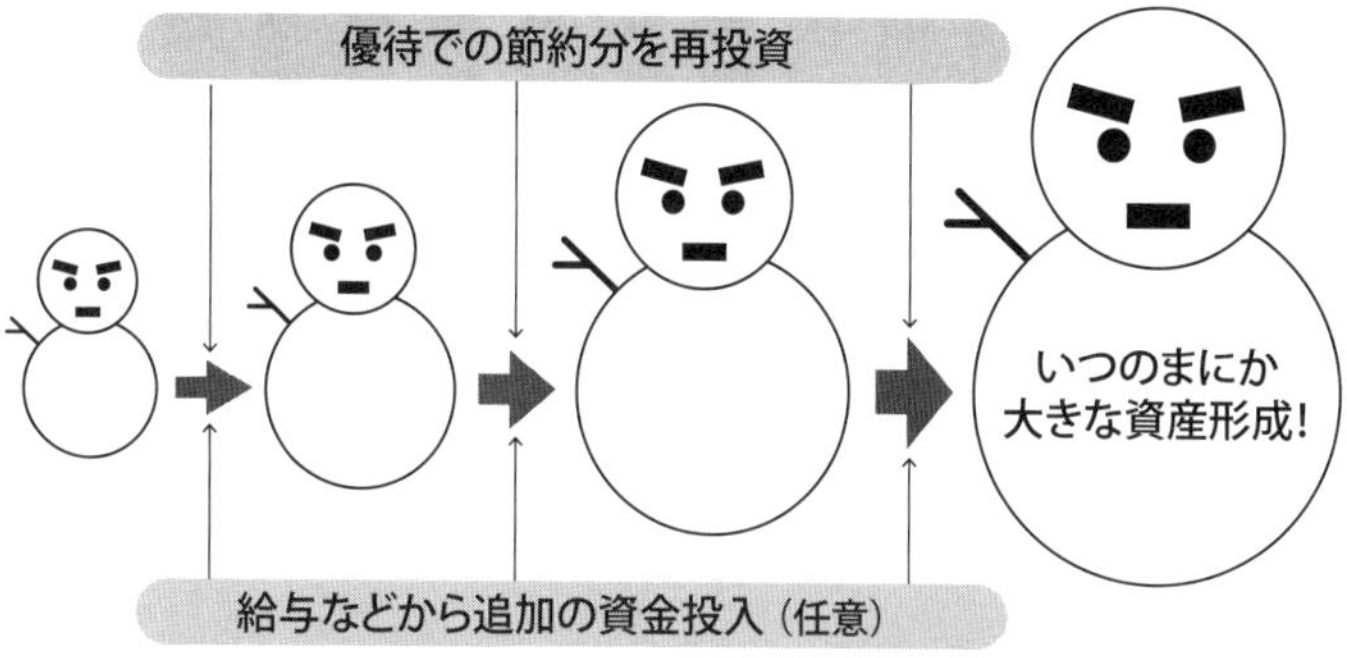

たとえば、年間10万円の優待獲得レベルでは、まだまだあまり節約ができている実感は湧かないでしょう。しかし優待株投資を進めて、毎年ある程度まとまった量の優待を獲得できるレベルになると、それまで使っていた日用品や食費をかなり節約できている実感が湧いてくるものです。

私自身のケースで振り返ると、年間で100万円分くらいの優待を獲得できるレベルになったときに、生活費にかなり余裕が出てきたなぁ、という実感がありました。

さらに、その節約によって浮いた生活費の100万円を優待株に再投資することによって、ますます獲得できる優待の量が増えます。その金額も、どんどん大きくなっていくわけです。

年間100万円の優待獲得を10年続けるだけでも、1000万円単位の資産形成が可能になります。最初は生活費の節約が主目的であっても、次第にそれが、大きな資産形成に結びついていくわけです。

株主優待の活用は個人投資家の特権

ちなみに、このように株主優待を自らの生活費節約や資産形成の味方にすることは、機関投資家などにはマネのできない、個人投資家だけの特権です。

機関投資家は、入手した株主優待は換金するなどして、運用資産に組み入れているところが多いようです。しかし、そもそも運用資産が数十億から数千億単位と巨額であるため、割合としてはほんのわずかなプラス効果しかありません。彼らにとっては、株主優待などあまり意味がない存在なのです。

機関投資家は情報量や資金量、あるいは投資テクニックなどが個人投資家とは段違いです。**彼らと同じことをしていては、個人投資家にはほとんど勝ち目がありません。**ですから株主優待の制度をフル活用することで、彼らとは別の土俵で勝負ができるということも、個人投資家たる読者のみなさんにはぜひ意識してほしいポイントとなります。

優待株は上がりやすく、下がりにくい

それでは、優待株投資が個人投資家にとってどんなメリットがあるのか、ここで一度まとめてみましょう。

メリット その1 「プチセレブ感」をお得に味わえる

株式投資には、長期の投資で関係者の誰もが利益を得られるウィン・ウィンの投資もありますが、参加者同士でお金を奪い合うような、投機的な投資も多く存在します。ある意味では「弱肉強食」の殺伐とした世界なのですが、株主優待は、そんな投資の世界に彩りを与えてくれる存在だと言えるでしょう。

利益の獲得だけに留まらない投資上の楽しみを得られることも、優待株投資におけるメリットのひとつだからです。

たとえば、優待品として手にできる自社商品などは、その会社の商品ラインのなかでもハイエンドの商品であるケースが多いです。定価で買うには躊躇するような商品が多いので、それを優待としてゲットできると、ちょっとしたセレブ感覚をお得に味わうことができます。

私自身の例を挙げれば、日用品ではポーラ・オルビスホールディングス（４９２７）の優待で入手したボディソープがあります。一般的なボディソープの価格は５００円程度が主流のようですが、同社の優待品は1本２０００円近くもする高級品です。そんな高額商品を、抵抗感なく日常的に使用できるのも、「優待株投資をしているからこその楽しみ」だと言えるでしょう。

あるいは外食企業の優待券を使って、自分の財布だけではなかなか行けそうにない高級レストランでお得に食事ができたときには、大きな満足感を感じます。私自身もフランス料理のフルコースから懐石料理に至るまで、たくさんの食事を0円で楽しんできました。

こうした多様なプチセレブ体験ができることは、優待株投資ならではの非常に大きなメリットではないでしょうか？

メリット その2　個人が利回りを高めるための強力な武器になる

銀行の定期預金に１００万円預けたとしても、現在の低金利環境下では年間１０００円程度の利息しかつきません。しかし優待株を１００万円分買えば、年間10万円分の優待をもらうのは、決して難しいことではありません。もちろん株価自体が値下がりするリスクはあるのですが、**同じ金額でより大きな利回りを得られる可能性が高い**、ということです。

株式投資において、億単位を運用する機関投資家と呼ばれる人たちは、株価の値上がり益と配当金だけを求めて勝負しなければなりません。しかし前述したように、個人投資家はこれに優待として得られる利益を加算できます。そのため、資金が少ない初心者のころほど、優待株の実質利回り（配当利回り＋優待利回り）の高さを実感できるのです。

また、**利回りのいい優待株を数多く保有することは、自然と分散投資をすることにもつながります**。

これによってリスクが分散され、初心者のうちから大損をしてしまう可能性が減少します。株式投資の経験を積むのに、非常に都合のよい状況を、いつのまにかつくり出せるメリットがあるのです。

メリット その3 値下がりの際にも動揺せずにいられる

たとえば年間4万円分の優待をゲットできる優待株であれば、購入後に株価が4万円値下がりしたとしても、年間で見れば収支はトントンになります。

これはやや後ろ向きなメリットなのですが、とくに投資の初心者のうちは「損をしたくない！」と誰もが強く考えるもの。

優待株投資では、このように優待の利益が値下がり分をカバーしてくれるため、心理的な余裕が生まれます。**投資初心者さんでも、多少株価が下がっても動揺しないでいられる**のです。

投資の経験を積めば積むほど、知識や技術とは別に、自分の心理状態をコントロールすることの大切さを痛感するようになります。優待株投資では、最初から心理的余裕を持って投資に臨めるために、その経験がのちのちまで大きな好影響をもたらしてくれるのです。

メリット その4 優待株は上がりやすい

社名も聞いたことがないようなマイナー企業の株は、買う人も売る人もあまりいないために、通常は株価がなかなか上がりません。

しかし、お得な優待を実施している企業の場合は、その優待の認知度が上がってくるにつれて買いたい人が増えていくため、どんなマイナー企業でも徐々に株価が上がっていく傾向があります。

たとえばコロワイド（7616）という会社は、年間4万円相当の優待ポイントがもらえるということで、昔から優待マニアさんの間では注目されていた企業です。近年、前述した桐谷さんが各種メディアで紹介したことなどでさらに人気化し、それに伴って株価も大きく値上がりしました。

このように、**優待制度を設けている企業では、その優待が認知されればされるほどに株価が上がる傾向がある**というわけです。

また、**それまで株主優待を出していなかった企業が優待制度を新設すると、多くのケースで**

株価が一気に上がることからも、優待株は上がりやすい、ということが言えると思います。

メリット その5 優待株は下がりにくい

初心者のうちはなかなか企業業績の先行きまでは読めないし、経済環境の急激な変化にもついていけないものです。優待株投資には、こうした初心者の弱点をうまくカバーしてくれる利点もあります。

たとえば予想外に企業の業績が悪化した場合でも、その企業の優待を楽しみに株を持っている株主さんは、そう簡単には売りません。

また、その優待をお得に入手することを狙い、値下がりするのを待っている人たちも多くいるために、**悪いニュースがあっても一定以下には株価が下がりにくい傾向がある**のです。

例を挙げましょう。

日本マクドナルドホールディングス（2702）は、2014年12月期にさまざまな問題を抱えて急速に業績が悪化し、数百億円規模の赤字に転落してしまいました。再建への道筋もま

図３　日本マクドナルドホールディングス（2702）週足チャート

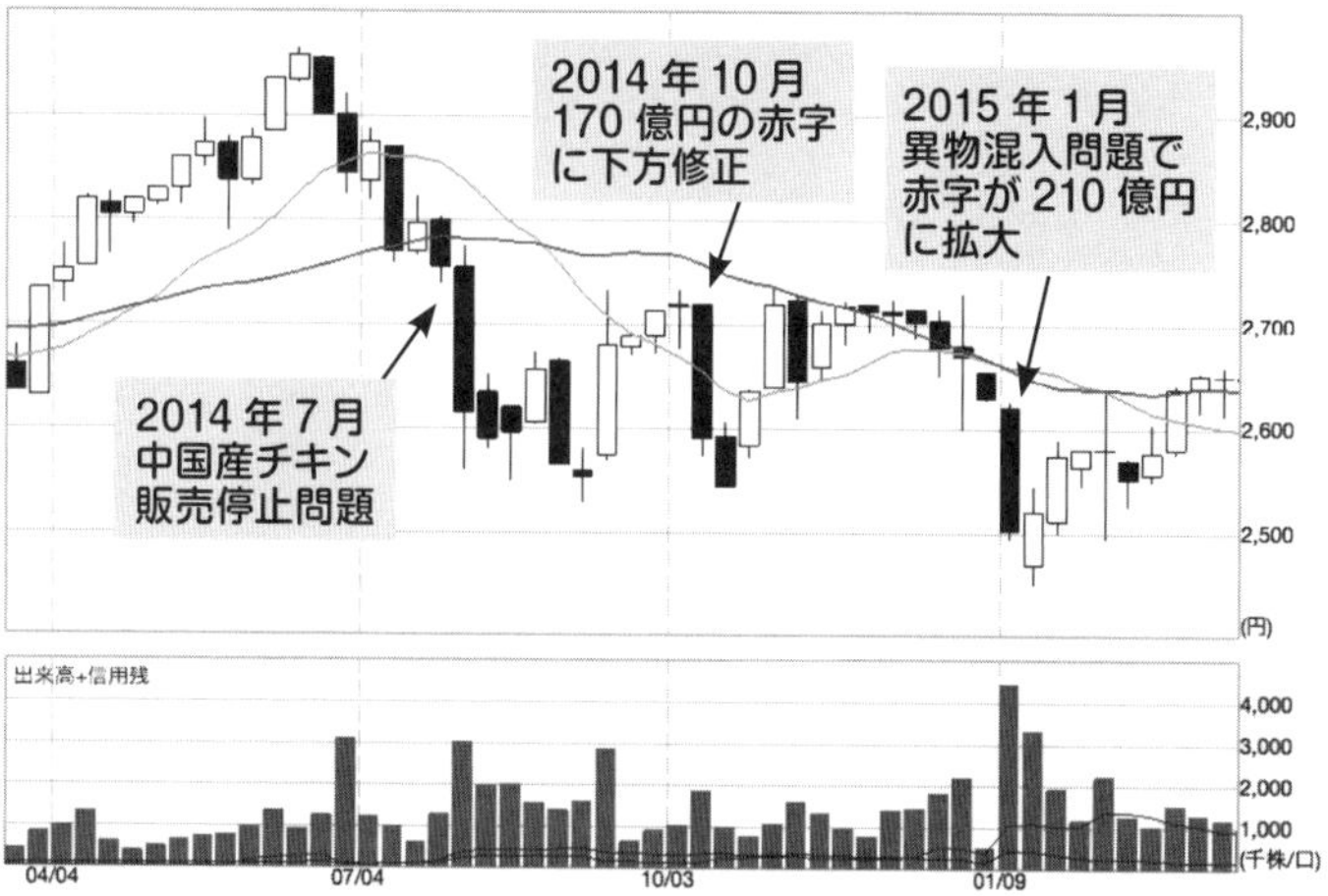

だハッキリしていない、かなりネガティブな状態ですが、株価は本書執筆時点でもさほど下がらずに耐えています。

これは、同社が優待マニアさんなら誰もが知っている、とてもお得な食事券の株主優待を出しているからだ、と推測可能です。

- **２０１４年７月　中国産チキンの販売停止問題**
- **２０１４年10月　１７０億円の赤字に下方修正**
- **２０１５年１月　異物混入問題で赤字２１０億円に拡大**

これだけの悪材料が目白押しでも、株価は最高値から２割も下がっていません。そのため、同社の株主も大きなダメージを受けることはありませんでした。

これが優待制度のない企業だったなら、恐らく株価は半値以下になっていたでしょう。

メリットその6　企業分析のスキルが自然に伸びる

これは、第2章で説明する「バリュー株投資」にもつながっていくメリットです。

自社商品や自社のサービスを優待としている会社に投資する場合、その会社自体に対しても、株主は自然に興味を抱くようになるケースが多いものです。

すると、まったく知らない会社なら読む気にもならない決算説明資料なども、興味を持って読めるようになります。

これは、各種の決算資料や投資上の数字を理解しなければならない、バリュー投資家さんにとっては必須の資質です。

このように、**優待株投資をすると、消費者としての視点だけではなく株主としての視点も自然に獲得できる**のです。会社を理解し、業界を理解し、商品を理解し、最終的には日本経済や世界経済についても理解しようとする、「投資家としての姿勢」がスムーズに身につきやすいメリットがあるわけです。

優待株投資は、投資の初心者が経験を積むには、最適の投資法なのです。

優待改悪、廃止のリスクは常にある

業績や財務状況の悪化は要警戒

とはいえ、優待株投資にも欠点はあります。

たとえば**優待の改悪や廃止が発表されると、これまでに説明してきたメリットが一瞬にして吹き飛んでしまい、株価が暴落する可能性がある**、ということも把握しておかなければなりません。

株主優待の制度は、その会社の取締役会の決定で自由に変更ができます。そのためある日突然、優待制度が変更されたり、廃止されたりすることがあるのです。

こうした優待の改悪・廃止を事前に予測することは難しいのですが、過去の事例から、次のように多少の傾向を読み解くことは可能です。

・財務状況が悪い企業は、経費削減のために優待を変更・廃止する可能性が高い
・とくに自社製品ではない金券等を優待にしている場合、業績の悪化時に変更・廃止の可能性が高まる
・大株主に外国人や機関投資家が多い企業は、優待ではなく配当で還元してほしいと主張する株主が多いため、業績好調のときでも優待内容の変更をしやすい など

優待廃止の場合には、傷が浅いうちに即対処!

しかし、すべてを予測するのは不可能です。持ち株から優待条件の改悪や優待廃止が出てしまった場合には、これもひとつの経験として、受け止めるしかないでしょう。

とくに業績悪化を理由とする優待廃止の場合には、それまで優待のおかげで高く維持されていた株価が一気に下落します。この場合は、優待以外に保有する理由がないと思うのであれば、できれば含み益のあるうちに、それが無理なら含み損がまだ小さいうちに、急いで損切りすることが求められます。

ここで躊躇して安易に塩漬けにしてしまうと、含み損を抱えたまま、何年も業績改善と優待の復活を待たなければならなくなる可能性もあります。

優待株の特性を読んで投資する

権利日前後の値動きパターンを把握する

「優待株がお得なのはわかったけれど、ならば、いつ買えばいいのか？」

これは場合によるので、明確なお答えはできません。

ただ優待株のなかには、優待権利日の前後で毎年同じようなパターンの値動きをする銘柄が結構あります。具体的には、優待権利日の3ヶ月前くらいから徐々に値を上げ始め、権利落ち日を経過すると優待分以上に株価が下落する、というパターンです。

このために、一般的には**権利日の数ヶ月前に買うと、権利日に向けての値上がり幅を取れるのでよい**とされています。読者のみなさんも、このパターンを意識しておくのは決して無駄にはならないでしょう。

過去のチャートで、目当ての優待株がこの一般的なパターンに当てはまるかどうか、投資前に確認する習慣をつけておくと、高値をつかむことが少なくなるはずです。

暴落局面は絶好の買い場

また、市場全体が暴落しているようなときは、個人投資家にとっては最大の狙い目です。

ふだんから暴落時に買いたい優待株の一覧表をつくっておき、市場がパニックになっているタイミングで(たとえば、日経平均が3%以上下落しているような日)、「さすがに、ここまでは落ちてこないかな?」というような株価で指値《さしね》注文をしておくのです。

そうすると、意外と買えていたりします。

こうした**市場全体の暴落時に買った優待株は、長い目で見ると大きく報われる確率が高い**ものです。私自身、こうした暴落時に買った銘柄で、資産を一気に増やした経験が何度もあります。

大抵は年に何回かはある暴落局面を心待ちにできるようになれば、投資家として、初心者のレベルを脱したと言えるのかもしれません。

私の優待株投資

私自身の優待株投資の経験も、参考までに少しお話してみましょう。

初めて買った優待株は2倍株と倒産株

私が初めて株を買ったのは、ワタミフードサービス（現ワタミ／7522）とタスコシステムでした。昔からの優待マニアさんには、どちらもおなじみの会社だと思います。

当時はまだ社会人になったばかりで、株式投資など「ギャンブルの一種」という認識でしかありませんでした。しかし、ふとしたきっかけで株主優待制度を知り（確か、何かの投資雑誌を読んだのだと思います）、徐々にその認識が変わっていきました。

ワタミフードサービスもタスコシステムも、ともに居酒屋チェーンを経営する会社です。当時はどちらも8万円程度の投資額で、年間およそ1万円分もの優待食事券をもらえました。優待利回りだけで10%以上あり、10年もかからずに元が取れるとは、なんて美味しい投資先が世のなかにはあるのだろう、と思ったものです。

そこで、実際に証券会社に口座を開き、両社の株を買ってみることにしました。株式投資がギャンブルかどうかは、とりあえず実際に試してみてから判断しようと思ったのです。

初戦としては出来すぎだったワタミ株

ワタミの優待券に関しては、金曜や祝前日には使用できず、1人1回1000円という使用制限がありました(当時)。しかし、自宅の近所や職場の近くにランチで使える店舗があったので、まだ独身でひとり暮らしをしていた私にはとても貴重な優待でした。

さらに、株主になって何度も実際にお店を利用していると、お店がどのように運営されているのかが気になってきました。そこで、当時の社長だった渡邉美樹氏の著書なども読むようになったのです。

そうして経営者がどんなことを考えているのかを知ると、サラリーマンの立場からは見えなかった世界が見えてきます。以前は全然興味を持てなかった日経新聞の記事なども、いつのまにか投資家目線で楽しく読めるようになっていました。

こうして、優待株投資を通じて徐々に興味の幅が広がっていき、私は本格的な投資家としてのスタートを切ったのです。投資家としての視点を身につけ、経営者の視点やその他の経済ニュースなど、さまざまな話題にも興味を持つようになったことは、その後の投資家人生にも、また社会人としての人生にもさまざまな好影響を与えたのだと思います。

結局、ワタミについてはその後の数年間は保有を続け、優待をフル活用して食事を楽しみました。しかし2004年、介護事業への参入を発表したのをきっかけに株価が2倍以上に暴騰したため、そろそろいいだろうと高値付近で売却。初戦としては「出来すぎ」とも言える成果を挙げました。

初めての損切りとなったタスコシステム株

一方のタスコシステムは、大赤字と黒字を行ったりきたりするような不安定な会社でした。こちらの優待も食事券でしたから、食生活の面から考えると非常に魅力的だったのですが、購入後によくよく財務状況を調べてみると、いまにも倒産してしまうように思えて、非常に不安になった記憶があります。

そのため、結局一度も優待をもらわないうちに、初めての損切りを決断しました（わずか数千円ですが)。

その後もタスコシステムは業績悪化と優待改悪を繰り返し、私の売却から5年程度のちに、上場廃止となりました。結局、早期の損切りが正しい判断だったのです。

優待だけで投資を判断するのは危険であり、財務面もしっかりチェックすることが重要であると教えてくれた、ありがたい会社でもあります。

このタスコシステムの損切りの経験から、財務や業績の数字にも注目するようになり、次章で詳しく説明する「バリュー投資家」のステージへと、ステップアップしていくことになります。

知らず知らずのうちに自分も優待マニアに

その後、ほかにも少しずつ優待株を購入していき、優待株投資の経験を積んでいきました。

日々、優待株と接し、優待券を実際に使ったり雑誌の特集記事を読んだりして、同時に有名な優待マニアさんのブログを読むなどしていくなかで、株主優待にまつわるさまざまな知識をいつのまにか獲得していったのです。

知らず知らずのうちに、自分も「優待マニア」になっていた、ということですね。

株主総会にも参加してみよう！

有名人に会えてお土産までもらえる一大イベント

株主優待とは違うのですが、優待と同じように株主になることで初めて体験できるイベントに「株主総会」があります。ですから、ここで株主総会についても少し言及しておきましょう。

正直、当初は上場企業の株主総会なんて、堅苦しい会議のようなものだろうという先入観があったのですが、実際に行ってみると会社によって実に多種多様で、驚きました。

初めて行った株主総会は、ホリプロでした。

仕事をしていると平日行われる株主総会に行くのはなかなか難しいのですが、当時のホリプロは毎年土日に開催していたので、サラリーマンやOLさんにも参加しやすい株主総会でした。

また、タレントさんが多数登場するうえに飲食つきの懇親会があり、さらには最後にお土産までついてくるという情報を知り、ぜひ行ってみたいと考えたのです。

実際に行ってみると、株主総会そのものは事前にイメージしていたとおりの堅苦しい会議そのものでした(失礼!)。しかし、株主からの質問コーナーになると、真剣な意見のほかにも参加者の受けを狙ったような質問があったり、所属タレントのファンの家族などから頼まれたらしい、素朴で微笑ましい質問があったりと雰囲気が一変し、そうした質問にも社長以下の経営陣がすべて真剣に回答していきました。

株主総会の醍醐味は、こうした株主と経営陣のストレートな交流にあるのではないかと感じた次第です。

そして総会後の懇親会では、ホテルの大会場に豪華な料理が並べられ、芸能人が多数登場してきました。さながら、何かの記念パーティーのようです。

いまではすっかり大女優になった綾瀬はるかさんが登場したり、石原さとみさん、忽那《くつな》汐里《しおり》さんなど、そのときどきのホリプロの次世代を担うと目される、若いタレントさんたちの株主へのお披露目も行われます。

最後にはお土産として、当時ホリプロの子会社が扱っていたキプリングというブランドのバッグまでいただきました。

このホリプロの株主総会はとても楽しい経験だったため、その後も毎年参加させてもらったものです。

残念ながら、ホリプロの株主総会はその後、株主数の増加に対応し切れずに懇親会が行われなくなり、2011年にはMBO（Management Buyout／マネジメント・バイアウト）で上場自体が廃止となってしまいました。2009年には類似企業である吉本興業がMBOで上場廃止になっており、ホリプロも同様の戦略を取るのではと考えて事前に数千株を購入していたため、当時、かなりの利益を出すことができた銘柄です。

株主総会は意外と楽しいものだと教えてくれて、最後には大きな利益まで残していってくれたホリプロには、いまでも大変感謝しています。

「お土産ハンター」さんになるのは考えもの

それ以降、さまざまな会社の株主総会に参加してきましたが、個人的にいままで参加したなかで一番のお気に入りは、ダイオーズ（4653）の株主総会です。

こちらの株主総会では、総会出席者に後日、コーヒーなど200杯分のお土産が郵送されるのですが、総会の最初から最後まで出席した株主さんだけにお土産提供が限られる、と徹底されています。

「最初から最後まで出席って、当たり前じゃないの？」と思う方もいるでしょうが、近年では残念なことに、株主総会でお土産をもらえる会社がたくさんあると知れ渡ってきた結果、お土産だけをもらって、あとはそのままUターンして、帰ってしまう株主さんが続出しているのです。「うーん、それってどうなの？」と思いませんか？

こうした「お土産ハンター」さん対策として、何年も前からお土産は総会フル参加者に限る、と徹底しているダイオーズの株主総会は、見習うべき事例なんじゃないかと思っています。

同社の株主総会は平日に行われるので、毎年行けるわけではないのですが、何回か参加した際には社長の歯切れのよいプレゼンと、株主さんからの真剣な質問事項に、理想的な株主総会の姿を見たと感じました。

近年ではマナーの悪い株主さんたちのために、お土産や懇親会自体を廃止する動きも見られるようになってしまいました。株主総会の本来の趣旨に立ち返って、株主さんと経営陣がお互いに気持ちがいい総会ができるようになることを、切に願っています。

それはともかく、本書の読者さんでまだ株主総会に行ったことがないという方は、ぜひ参加してみてください。服装も、原則自由です。

【第1章のポイント】

- 投資初心者なら、優待株投資から始めるのがお勧め
- 優待株投資は生活費の節約につながり、いつのまにか資産形成できる
- 機関投資家との正面からの勝負も避けられる
- 優待株は上がりやすく、下がりにくい。比較的利回りもよい
- お得感を味わいながら、投資家としてのスキルも自然に上がる
- 権利確定日前後の値動きには要注意。典型的なパターンを描く銘柄かどうか、事前にチャートで確認することを忘れない
- 優待の廃止や制度改悪のリスクは常にある

第2章

「バリュー株投資」の視点も身につける

バリュー株投資で勝率を上げる

企業の価値に注目する投資法

株主優待を楽しむ優待株投資も、それなりに資産形成に役立つことは第1章で説明したとおりです。しかし株式市場に参加する以上は、やはり優待だけでなく値上がり益も得たいですし、値下がり損はできるだけ避けたいですね。

それには、株式投資の王道のひとつとも言える「**バリュー株投資**」の考え方を、少しずつ身につけていくことが近道だと考えます。

バリュー株投資とは、**企業の価値を分析して、割安な銘柄に投資をすること**です。

「バリュー投資家」さんはさまざまな観点から企業を分析することによって、「この企業の価値は1株当たりこれくらいだな！」と、株価を見なくても分析できてしまうのです。

それができれば、推定した企業価値よりも実際の株価が安ければ、「この株はお得だな！」

と判断できます。その時点で購入し、自分の分析した企業価値になるまで実際の株価が上がるのを待てば、値上がり益を得られる可能性が高まります。これがバリュー株投資の本質です。

暮らしのなかで「お得な買いもの」をするのと同じ

こうして説明すると、バリュー株投資とはかなり難しい分析をしなければならない、初心者さんにはハードルの高い投資法だと感じる方もいらっしゃるでしょう。しかし、実はそれほど難しいことをしているわけではありません。実際に、株の世界ではいまだバリュー株投資をしていない方でも、日常生活ではほとんどの方が、無意識に同じようなアプローチでの投資（消費）を行っています。

たとえば缶ジュースや缶コーヒーの定価は、1本当たり100～130円くらいだろうとほとんどの人が知っています。つまり「相場観」があるわけです。ですから、もし缶ジュースや缶コーヒーがスーパーで50円で特売されていたら、「お、これはお得だな」と感じて、購入を検討するのではないでしょうか？

バリュー株投資は、これと同じことを株式投資でも行うだけです。**「本来の価値よりも割安に」買うことで損する可能性を減らし、利益が出る可能性を高める、**というわけです。

まずはPERをしっかり理解する

表面的な理解だけでは足りない

バリュー株投資では、単に株価や株主優待の内容を見て投資先を決めるのではなく、事前にその企業の「企業価値」を分析し、株価と比較する習慣をつけることが大事になります。

それでは、企業をどのように分析すれば、「この会社は○×円です！」と数字に落とし込めるのでしょう？

ここでまず理解しなければならないのが「PER」という指標です。

この指標は、株価が割高か割安かを判断するために、投資家にもっとも一般的に使われている指標でしょう。計算式で表すと次のとおりで、単位は「倍」です。

PER＝株価÷1株当たり純利益

ちなみに、式中の**「1株当たり純利益」は、当期純利益を発行株数で割って求めます**（厳密に言うともう少し複雑な計算式になるのですが、この段階では単純な計算式で理解すればOKです）。

ですから、たとえば株価が1200円、1株当たり当期純利益が60円の会社であれば、

1200円÷60円＝PER20倍

となるわけです。

PERの値は数字が小さければ小さいほどその株が割安であることを示すため、PERが低いときに買い、株価が上がってPERが高くなったら売ることが、バリュー株投資の王道となります。

PERはもっとも有名な投資指標ですから、すでに投資を行っている方であれば、ほとんどの方はこの辺りまでは理解しているでしょう。

ただ、実際には表面的な理解に留まっている人が多いため、本書ではPERの本質を、多くの人が「腑《ふ》に落ちる」形で説明することに挑戦してみようと思います。

元を取るには何年必要？

ＰＥＲの考え方の根底には、「**元を取る**」という発想があると私は感じます。

お金を出して何かに投資するからには、そのお金が最低限戻ってこなくてはならないし、できればそれ以上のお金が戻ってくることを期待するから、私たちは投資を行います。だからこそ投資に対する成果を「リターン」と言うのでしょう。

さて、唐突ですがイソップ童話に黄金の卵を産むガチョウのお話があります。

物語のなかのガチョウは、１日に１個だけ黄金の卵を産むのですが、あのガチョウそのものの価値はいくらくらいなのでしょう？　もしガチョウの持ち主があなたにそのガチョウを売ってくれるとしたら、いくらぐらいだったら買いたいですか？

そんなことを言われても、もう少し情報がないと判断できませんね。そこで、事前に次のような情報があるとして考えてみてください。

- **いまのところ、ガチョウは黄金の卵を必ず毎日１個産んでいる。１日に２個以上産むことはこれまではなかった**

・黄金の卵を365個、つまり1年分売ると、エサ代などのすべての経費を差し引いても合計で100万円の利益が出る
・ガチョウの寿命はあと30年くらいらしいが、確実なことはわからない

提案その1　2800万円

強気で知られるガチョウの飼い主が、あなたにこう勧めてきました。

「すでにご案内のとおり、このガチョウを購入すれば今後30年間で、30年×100万円＝3000万円の利益が確保できますよ。あなたになら、特別に2800万円で売ってあげましょう。200万円も利益が出るのだから、とてもお得でしょう？」

あなたは考えます。

（……買い値が2800万円ってことは、28年かけてやっと元が取れるってことじゃないか。そもそも、ガチョウがそれまで生きてくれるかどうかもわからないわけだし、これはお得どころか割高な提案だよな……）

結果、この話は流れてしまいました。

提案その2　1000万円

数日後、暗い顔をしたガチョウの飼い主が、再びあなたのところにやってきて言いました。

「実は、別の事業に失敗して緊急にまとまったお金が必要なんです。例のガチョウ、1000万円でいいので買ってくれませんか？」

あなたは再び考えます。

（……買い値が1000万円なら、10年で元が取れるな。ガチョウが長生きして30年間黄金の卵を産み続けてくれれば、2000万円の儲けになるわけだ。……いや、待てよ。毎年100万円、最大30年くらいは儲けられる可能性があるということは、1500万

円くらいで買ってくれる人がそのうち現れる可能性もあるな。1000万で買ったガチョウを1500万円で転売できれば、たとえ明日売ったとしても500万円儲かるじゃあないか……！）

「買います！」

結果、あなたは黄金の卵を毎日手に入れて少しずつ利益を得ながら、1年後には希望の1500万円でガチョウを購入したいという買い手を見つけ、めでたくガチョウを手放すことに成功しました。

1年分の卵の利益100万円＋売却益500万円で、合計600万円の利益です。

いかがでしょうか？　実はこのお話こそが、株式市場における取引とPERの考え方そのものなのです。お話に登場する要素は、それぞれ株式市場での次の要素に当てはまります。

- **ガチョウ＝企業**
- **黄金の卵＝企業が生み出す利益**
- **ガチョウの値段＝株価**

そして、お話のなかであなたが考えた**「x年で元が取れるはず」という部分こそが、「PER x倍」と表される**のです。

ガチョウの値段が2800万円のときには、28年で元が取れるはずなのでPER28倍、1000万円のときには10年で元が取れるはずなので、PER10倍と表せるわけです。

PERの数字が大きいほど割高、小さいほど割安になるということが、このお話からスッキリと理解できるでしょう。PERが低くて割安なときに買っておけば、利益が得られる可能性が大きくなるのです。

ガチョウ＝企業

この話を企業バージョンにしてみます。

企業の生み出す利益はすべて株主のものになるとし、毎年、純利益100万円を安定的に生み出している、発行株数1万株の企業があったと仮定します。

すると、次のように「1株当たり純利益」の数字を計算できます。

当期純利益100万円÷発行株数1万株＝1株当たり純利益100円

この企業の株が2800円で取引されていれば、

株価2800円÷1株当たり純利益100円＝28

と計算でき、元を取るまでに28年かかることがわかるのです。

28年で元が取れるので、先ほども述べたようにこれはPER28倍のことです。しかし、元を取るのに28年もかかるようでは、ちょっと割高に感じます。

一方、株価1000円であれば、

株価1000円÷1株当たり純利益100円＝10＝PER10倍

となります。「10年で元を取れるなら安いかな？」となって、買う人が多くなるでしょう。

そのうち株価が上がり、PER15倍となる株価1500円で売ることができれば、差し引き500円の値上がり益を得ることも期待できます。

おおよそこうした思考プロセスで、「バリュー投資家」さんたちはPERを見ているわけです。

ＰＥＲの適正レベルはどれくらい？

他の投資対象との利回り比較で見えてくる

とはいえ、ＰＥＲ何倍（何年で元が取れるか）が適正レベルなのかがわからないと、割安なのか割高なのかの判断ができませんね。

これについては**絶対的な基準があるわけではない**ので、実は断言することができない部分です。しかし、さまざまな投資対象の利回りと比較することによって、ある程度の目安は求められます。

株式に限らずさまざまな投資対象は、「利回り」というたったひとつの視点から比較することが可能です（ちなみに、この利回りの数字で1を割れば、ＰＥＲを意味する「何年で元が取れるか」の数字も求められます）。

図4 さまざまな投資対象の利回りとリスクのイメージ

投資対象	年間利回りの例	何年で元が取れるか（何年で元本と同額の利益が出るか）	リスク
普通預金	固定 0.1%	1,000 年	ローリスク ローリターン
定期預金	固定 0.3%	333 年	
社債	固定 1.0%	100 年	
有名企業の株式	期待 5.0%	20 年	ミドルリスク ミドルリターン
中小企業の株式	期待 10%	10 年	
消費者金融ビジネス	固定 20%	5 年	ハイリスク ハイリターン

そして利回りに関しては、一般に**損をするリスクが高いほど利回りも高くなり、逆に損をするリスクが低いほど利回りも低くなる**という傾向があります。

上の表にいくつかの投資対象を比較してみましたので、まずは確認してみてください。

たとえば、表中でもっともローリスクな投資対象とされている「普通預金」は、いつでも引き出せるし、1000万円（とその利息分）までの元本保証があります。そのため、0・1%しか利息がつかないほぼゼロ金利の状態ですが、多くの人が利用しています。

0・1%しか利息がつかないということは、利息だけで元を取るのになんと1000年かかるということです。しかし日常生活での便利さやリスクの小ささなどを評価し、多くの人が利用、つまり投資しています。

普通預金の次にローリスクな「定期預金」では、普通預金と同じく1000万円までの元本保証がありますが、一定期間は資金を拘束され、すぐに引き出せないリスクが新たに発生します。そのため、普通預金よりも少しだけ利回りが上がります。

企業が発行する借用証書、つまり「社債」では、基本的に満期まで換金できないことに加え、その企業の破綻リスクを背負うことになります。ですから、さらに利回りを上げなければ誰も投資してくれません。

預金や、社債・国債などの債券は、ある時点で決められた利息が支払われます。ですから基本的には、ローリスク・ローリターンな投資先に分類できるでしょう。

一方、表中でもっともハイリスクな投資対象とされている消費者金融ビジネスでは、お金を借りる場合になぜ20％近くもの高い利息を取られるのでしょう？

これは、貸している立場（＝投資している立場）から考えるとわかりやすいでしょう。消費者金融ビジネスでは、担保も取らずにお金に困っている人に資金を貸します。非常にリスクが高い商売ですから、一定の割合で返済できない人が出てくることがあらかじめ予想されます。

そのために、20％くらいの利息で貸さないとトータルで利益が出ません。ボッタクリで20％

もの金利を取っているわけではなく、極めてリスクが高いから、利回りもそれなりに高く設定しなければならないのです。こうした構図があるため、消費者金融の利用者は高い金利を支払わされるのです。

それでは、本書のテーマである株式への投資はどうでしょう?

株式会社は、株主が所有者です。そのため、企業が毎年稼いだ利益そのものが、株主に帰属すべきリターンとなります（預金や債券のリターンは「利息」です）。

とはいえ、企業の利益は毎年変動するものですし、景気などの影響も大きく受けることから、**「やや不確実」なミドルリスクの投資先に分類されます**。

さて、確実な預金や債券ではなく、やや不確実な株式に投資するのであれば、より低リスクな投資対象となる債券（利回り1％程度）や、より高リスクな投資対象となる消費者金融ビジネス（利回り20％程度）などと比較して、5～10％くらいの利回りはほしいところでしょう（株式の場合、預金や債券、あるいは借金のように、事前に確定している利息が支払われるわけではないので「期待利回り」になります）。

利回りは裏を返せば（利回りの数字で1を割れば）、「何年で元が取れるか」の数字に転換できますから、利回り5〜10％で元が取れる年数である20〜10年、つまり企業が毎年生み出す利益の20〜10倍が、企業の価値になるような株価が適正レベルということになります。つまり、**PER20〜10倍が基準になる**ということです。

これでは少し幅がありすぎるということであれば、まずは中間値を取って**PER15倍前後を適正レベルと考えればよい**でしょう。

PER15倍が適正レベルというのは、なんの根拠もない話ではありません。世界の株価の歴史的な平均PERが15倍くらいであること、またすでに見たように他の投資対象と比較した場合に、人々が株式に求める利回りがこれくらいになるということからも、導かれてくる数値なのです。

絶対的な正解ではないが「15倍」は使える数値

さて、PERの適正レベルは15倍前後だと、とりあえず判明しました。

すると、たとえば毎年10億円の利益を出している企業ならば、

10億円×PER15倍＝150億円

という計算で、その企業の適正な価値は150億円だと推計することが可能になります。

この企業が1000万株の株式を発行していれば、

企業価値の推定値150億円÷発行株数1000万株＝1500円

となり、適正株価を1500円と推計できるのです。

バリュー株投資の初心者の段階では、まずはある程度基準を決めることが大切です。

PERの数値は、実際には業種ごとに平均的な数値が違ったり、会社の規模や成長度合いによっても異なってきたりします。そのため、必ずしもPER15倍が常に正解というわけではありません。しかし、右でも述べたようにある程度は根拠のある数値ですから、これからバリュー株投資の視点を身につけようという人には、それなりに使える数値となるはずです。

ひとまずPER15倍を基準として考えれば、「この企業のPERはいま8倍だから、割安なのかもしれないな」などと、少しずつ価値判断ができるようになります。これこそが、バリュー株投資の入り口となるのです。

図5 「１株当たり利益」が毎年同じと仮定した場合

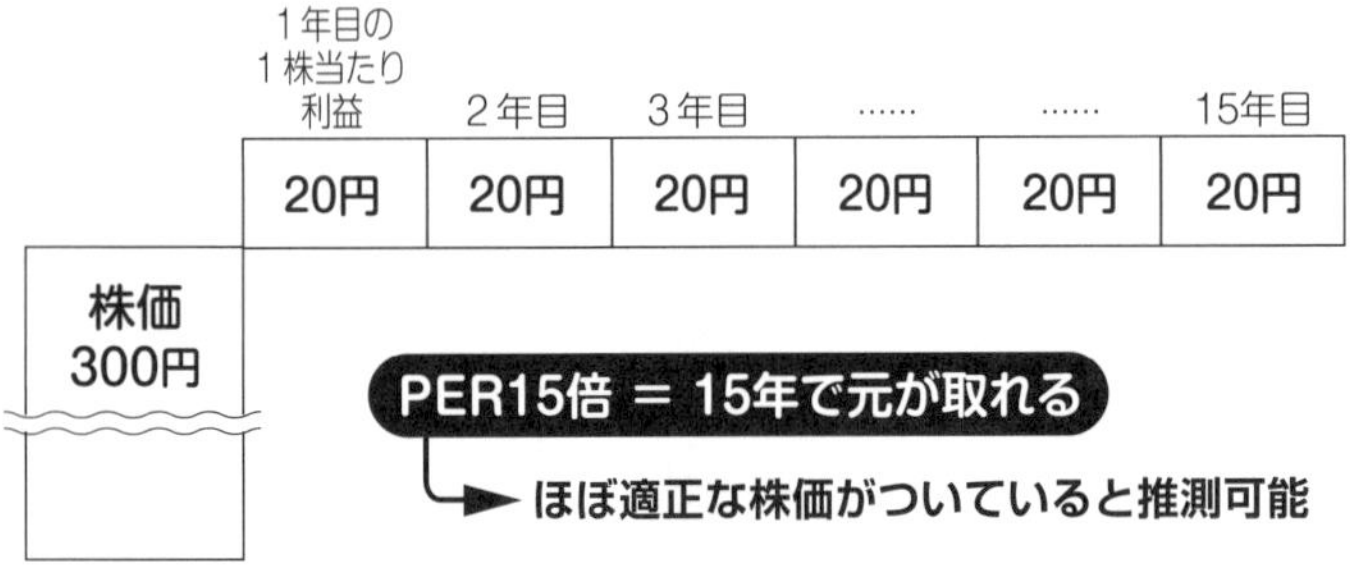

ここまでの話を図で表すと、上の図5になります。

毎年20円の１株当たり利益を出すと考えられる会社なら、ＰＥＲ15倍の状態、つまり15年で元が取れる状態が適正株価となるので、適正株価は３００円くらいだろう、と判断できるわけです。

となれば、あとは株価が３００円より低いときに買い、いずれ３００円に近づいたときに売ればいい、という発想ができます。これが、バリュー株投資のもっとも基本的な考え方です。

成長企業や衰退産業の会社に投資する場合は？

さて、「基本」があれば必ず「応用」があります。

右で述べたＰＥＲの基本的な考え方も、状況によっては多少アレンジしたほうが適切なこともあります。

たとえば、これから大きな利益成長が見込めそうな「成長企業」への投資を検討するときには、その会社の１株当たり利

図６ 成長企業の場合

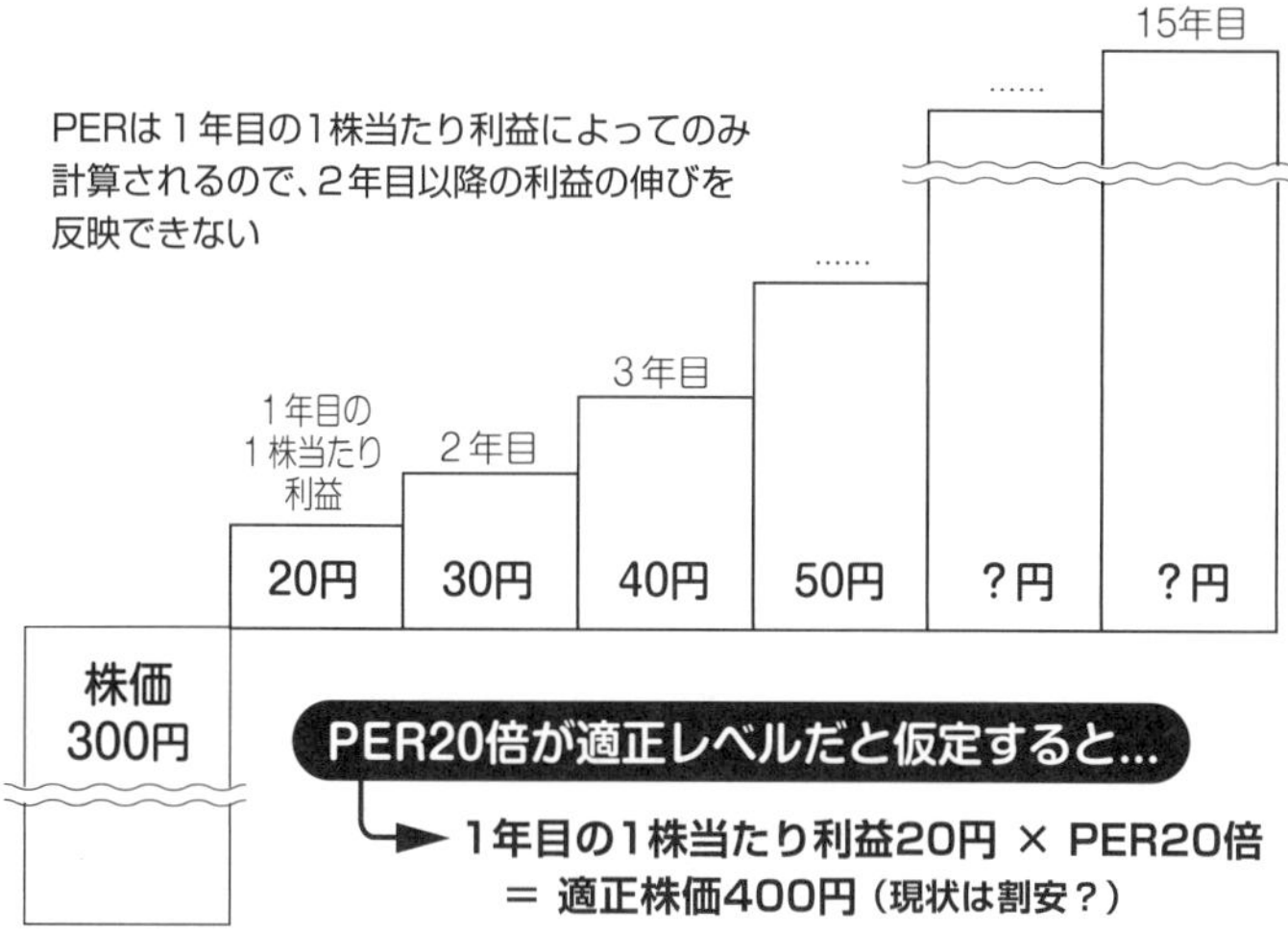

益が今後15年間も一定だと考えるのは、少々無理があるでしょう。

ＰＥＲは、次の１年間に発生するであろう１株当たり利益に対する倍率として求められます。そのため、**２年目以降の利益が増えていくことを計算に織り込めません。**

こういった成長企業では、会社の利益によって投資資金の元を取るまでの期間が、実際には平均的な15年より短くなることが予想されるので、当然、ＰＥＲの数字はもっと大きくてもいいはず、と考えられます。

もしかしたら、ＰＥＲ20倍くらいが適正レベルなのかもしれませんね。

ＰＥＲの適正レベルが変われば、適正株価も変わります。ＰＥＲ20倍を適正レベルとし

図７ 衰退産業の会社の場合

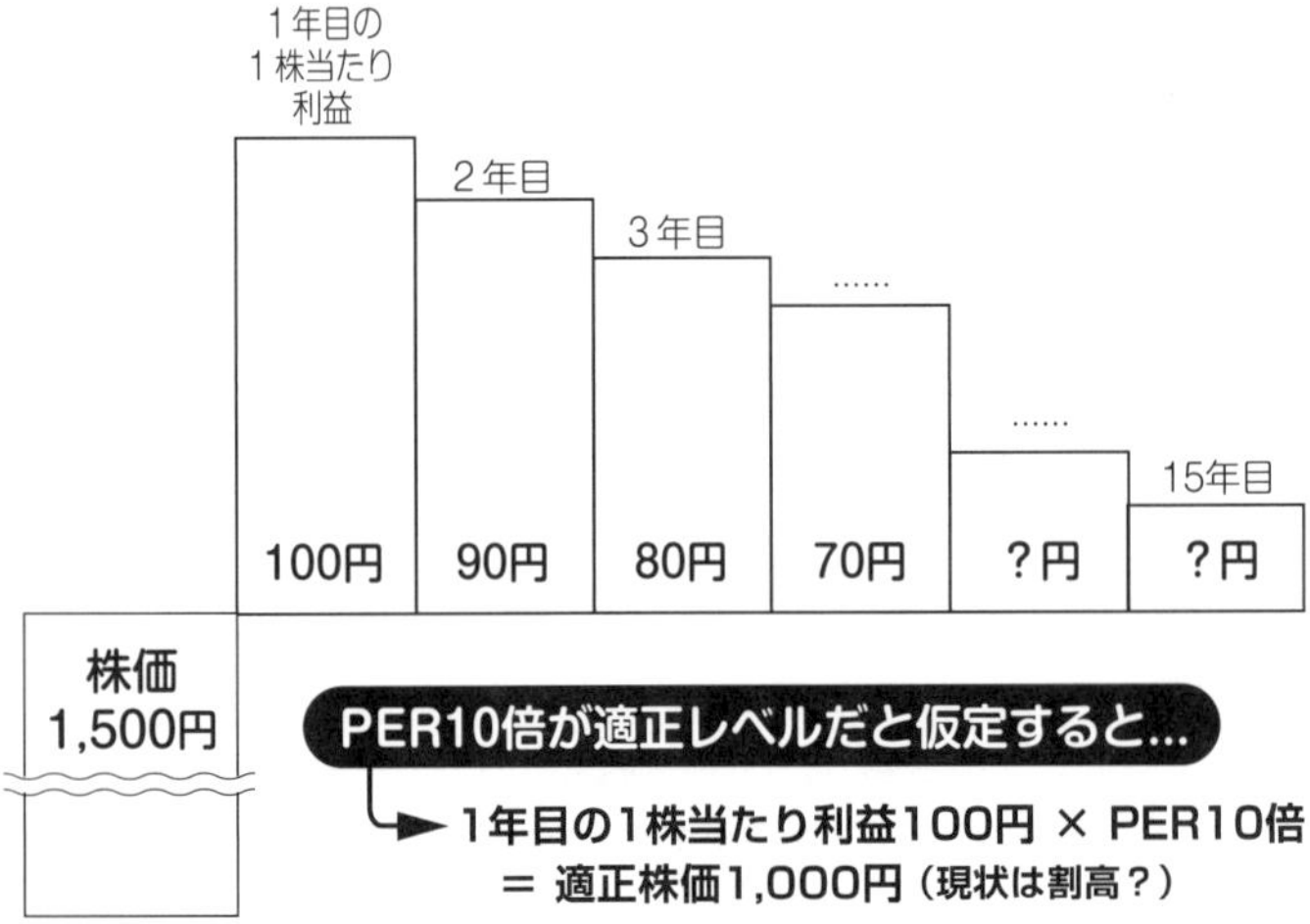

て想定するなら、適正株価も図６のように変わります。現在の株価が３００円なら、「あと１００円くらいは上値余地がある、お得な状態だ」と判断できるでしょう。

逆に、利益がどんどん減っていきそうな衰退産業の会社だったらどうなるでしょう？

このような会社の場合、２年目以降の１株当たり利益は減っていくことが予想されますから、現在のＰＥＲが示す「元が取れる期間」は、実際にはより長くなると予想されます。

そのような状況では、適正なＰＥＲの数字は逆に小さくなるので、現在の株価がＰＥＲ15倍なのであれば割高である、と判断できるでしょう。

たとえば、PER10倍程度が妥当なのかもしれませんね。その場合の適正株価がどうなるかは、図7のなかに示しておきました。

予想が違うとPERの評価も変わる

このように、「元を取る」という視点を少し広げてあげると、なぜ同じPERの数値でも「割高だ」と言う人もいれば、「割安だ」と言う人もいるのか、直感的に理解できるでしょう。

将来の利益見通しは不確実なものですから、**人によって想定している将来利益が違い、それによって同じPERでも評価が変わる**のです。

「バリュー投資家」さんをめざす人は現在の株価に流されず、自分はいくらくらいがその企業の適正価値だと考えるのか、PERを出発点にいろいろ考えてみることです。「絶対に正しい答えは存在しない」けれども、「大まかに正しい答えはあるかもしれない」と考えることが、この段階での大きなポイントです。

そのうえで、徐々にさまざまな異なる意見に触れていくことで、バリュー投資家さんとしての腕も上がっていくはずです。

PERを変動させる要因を知る

株価を上げる要素はふたつだけ

PERの本質をある程度は理解したところで、次の式を見てください。48ページで示した、PERの計算式の前後を入れ替えただけのものですが、意外に重要なことが読み取れます。

株価＝1株当たり利益×PER

この式から、**株価が上がる要素を突き詰めると、①1株当たり利益が上がるか、②PERが上がるか、のどちらかしかない**ことがわかるのです。

このうち、①の1株当たり利益が上がれば株価も上がるというのは、そう難しい話ではありません。企業が儲かれば1株当たり利益も上がり、株価も上がるというのは、誰にでもイメージできる話でしょう。

しかし、②のPERが上がることで（利益が変わらないのに）株価が上がるという話は、慣れていない人にはなかなか理解できない話かもしれません。ここで、少しだけ詳しく説明しておきましょう。

さまざまな要因でPERの数字は変わる

PERの数字が上がるには、主に次の3つの理由が考えられます。

1. 将来の利益成長が見込まれる
2. いまの株価が割安だと思う人が増える
3. その他、なんらかの理由で人気が出る

1. は前項で詳しく説明した理由です。急成長が見込まれる企業などの場合、より短期間で「元が取れる」と考えられるため、PERの水準が引き上げられるのです。

2．は、**知名度の低かった会社が徐々に知られるようになり、投資家からの評価が上がる**ようなケースです。

3．にはさまざまな理由が考えられますが、一般的には**増配**や**株式分割**等の材料があります。また、第4章以降で詳しく解説する**優待新設**や**東証1部昇格**などのニュースも、PERの水準が大きく引き上げられる材料となります。

現実の株式市場では、こうしたさまざまな理由で株価が上がったり下がったりしています。株価を動かす多様な要因を意識しながら、自分なりに考えた株価の適正水準と、現実の株価とのギャップを考える習慣をつけましょう。経験を積めば積むほど、「こんな理由で株価が動くこともあるのか……」と、新たな気づきを得られるはずです。

そうして経験を積んでいけば、あなたの考える適正株価の正確性も次第に上がっていき、より高い勝率で利益を得られるようになるでしょう。

ＰＢＲもマスターする

資産面から見る指標

ＰＥＲと並んで、「ＰＢＲ」も多くの投資家に意識される指標です。

投資指標にはさまざまなものがありますが、とりあえずはＰＥＲとＰＢＲのふたつさえしっかり理解できていれば、あとは参考程度に見ておけば問題ない、と言っても過言ではありません。それくらい、ＰＥＲとＰＢＲは人気がある指標で、著名な投資家のなかにも、指標はこのふたつしか重視しないと公言する人がたくさんいるくらいです。

さて、そのＰＢＲは次の式で計算されます（単位は「倍」でＰＥＲと同じ）。

ＰＢＲ＝株価÷１株当たり純資産

たとえば株価が１２００円、１株当たり純資産が６００円の会社であれば、次のようになるわけです。

1200円÷600円＝PBR2倍

この**PBRの値は、低いほど割安**とされています。そのため、ＰＢＲが低いときに買い、株価が上がってＰＢＲが高くなったら「割高になった」と判断して売る、というのが、ＰＢＲに関するバリュー株投資の王道アプローチとなります。

ＰＥＲは「企業が毎年稼ぐ利益」という視点から、株価の割安度を測る指標でした。対するＰＢＲは、「現在その企業が保有している資産」という視点から、株価の割安度を測る指標になっています。資産面から「元が取れる」株価かどうかを判断する指標ということですね。

再びの「ガチョウ＝会社」

さて、ＰＥＲの説明のところで黄金の卵を産むガチョウのお話を使いました。ここでもう一度、あの珍しいガチョウに登場してもらいましょう。

ＰＥＲのときは、ガチョウの産む金の卵にばかり注目していました。しかしその後、実はあのガチョウの価値は、黄金の卵だけにあるのではないことがわかってきました。

なぜなら、金の卵を産むという珍しいガチョウそのものを、「食べてみたい」と考える人が何人も現れたためです。

お肉屋さんが、それなりの金額を出して購入してもいいと打診してきたので金額を聞くと、売ってくれれば５００万円を支払うとのことです。

ということは、たとえ何かの拍子にガチョウが黄金の卵を産まなくなったとしても、最低５００万円の価値があるということです。

それを知っている飼い主なら、ガチョウが本当に金の卵を産まなくなったとしても、５００万円以下では決して売らないでしょう。しかしもしそれを知らなければ、金の卵を産まなくなった途端、エサ代や飼育の手間がかかるからと捨て値で処分しようとするかもしれません。

お肉としてのガチョウの価値を知っているあなたは、そこにすかさず買いに入り、たとえば200万円で買って、肉用に500万円で転売して値上がり益を得ます。

これもまた、「割安に買い、適正水準で売って利益を得る」というアプローチなのです。

PERだけでなく、PBRについても理解しておかないと、お肉としてのガチョウの価値を知らずに安値で手放してしまった飼い主のようになりかねない、というわけです。

PBRでは「1倍以下」がお得の目安

さて、これを再び企業バージョンで考えると、次のようになります。

・肉用に売れる価格 ＝ 純資産額（仮にいますぐ会社を解散したとき、株主の手元に残る資産価値）
・金の卵を産まなくなって経費だけかかるようになる ＝ 企業が赤字になる

たとえば、ほとんど利益が出ていないけれど、純資産額は500万円の企業があったとしましょう。発行株数を1万株とすれば、次の計算でこの会社の1株当たり純資産を算出できます。

純資産額500万円÷1万株＝1株当たり純資産500円

この企業の株が株価200円で取引されているとしたら、PBRは次のとおりです。

200円÷500円＝PBR0・4倍

PBRが1倍以下というのは、その会社が持っている資産の価値よりも、その会社のすべての株式を合算した価値のほうが低くなっている、ということです。理論上は、営業を続けるよりいますぐ会社を解散して、残った資産を株主に分配したほうがお得ということになりますから、**PBRでは1倍以下というのが、ほとんどの投資家が意識する目安水準になっています。**

事例ではPBR0・4ですから、「これは割安だな」と買っておけばそのうち株価が上がり、PBR1倍となる株価500円で売れれば、差し引き300円の儲けが出るだろう、という推測が一応できるのです（もちろん、必ずそうなるという保証はありません）。

自分の頭でサボらず考える

PERとPBRの両面から

バリュー株投資では、ここまでに説明したＰＥＲとＰＢＲのふたつの指標をどちらも使い、さまざまな銘柄について**「このガチョウ＝会社の価値はどれくらいなんだろう？」と、自分なりの判断をまず行う**ことが重要です。

そこから、「じゃあ、いくらまでなら買えるかな？（適正株価はどれくらいかな？）」とか、「本当に元が取れるのかな？」、「いまはともかく、将来はどれくらい利益が出るのだろう？」などと、自分の頭で考えていくプロセスが大切です。

ＰＥＲやＰＢＲといった投資指標は、企業の一面を数字でわかりやすく示したものにすぎません。「ＰＥＲやＰＢＲの数字は、とにかく低いほうが割安だ」という単純な解説も、確かにある意味では正しいのですが、数字に込められている意味までしっかり理解していないと、応用が利かなくなってしまいます。

「元が取れるか？」という感覚を自分のものとして、日々の投資判断に自然に適応できるようになることが大事なのです。

試行錯誤の結果が利益につながる！

たとえば、現実にはさまざまなパターンで黄金の卵を産むガチョウがいます。

- **毎年黄金の卵を産む数がバラバラで、直近3年は200個、400個、100個のガチョウ**
- **年々黄金の卵を産む数が増えているガチョウ**
- **今年は病気で1個も産めていないが、来年にはいままでどおり年300個産めると飼い主が言っているガチョウ**　などなど

そのほかにも、さまざまなガチョウ、つまり会社があります。

いろいろと不確実な状況があるわけで、これらの会社の株をいくらで買うべきか、自分の頭でサボらず分析することが大切です。

株式市場では、株価は細かく上がったり下がったりするため、どこが適正株価なのかはなかなかわかりません。また、株価は短期的にはオーバーシュートする（＝瞬間的に適正水準を大きく外れた価格をつける）ものです。市場に提示された株価でそのまま買っているだけでは、相手の言い値で購入する「博打《ばくち》」のレベルからなかなか脱せません。

「バリュー投資家」さんをめざすのであれば、自分の考えではこの企業はだいたい××円の価値があるから、○○円のいまは買いだと思う、と言えなければならないのです。

最初から正確な答えなど導き出せませんし、そもそも正解もひとつではないので、とにかく自分なりの方法で検討してみることが大事です。その結果、自分はこういうふうに推測して行動したら成功した、あるいは失敗したという経験が積み重なっていきます。その経験の積み重ねこそが、長期的に見れば大きな利益を得るための鍵となります。


なお、ＰＥＲとＰＢＲは詳しく学べば学ぶほど、ものすごく奥深い世界が広がっている指標です。ぜひ本書だけでなくさまざまな解説書を読み、多くの人の考え方に触れてみてください。とくに「世界一の投資家」とも称されるウォーレン・バフェットの本を読むと、バリュー株投資のさらなる奥深さを体感できるでしょう。個人的なイチオシです。

「貸借対照表」はＰＢＲに直結している

ＰＥＲやＰＢＲがわかるようになってくると、貸借対照表や損益計算書といった会社の財務諸表についても、株価とのつながりが見えてきます。

なぜなら、**これらの財務諸表こそがＰＥＲやＰＢＲの構成要素**だからです。

といっても、なかなか直感的に理解できないでしょうから、まず貸借対照表のほうから細かく見ていきます。

資産－負債＝純資産

貸借対照表は、主に企業の安全性を見る財務諸表です。その会社がどんな資産と負債を持っていて、結果としてどれくらいの純資産を持っているのかを、表の形で表しています。英語のBalance Sheetを略して、単に「Ｂ／Ｓ」と呼ぶこともよくあります。

図８　貸借対照表とPBR

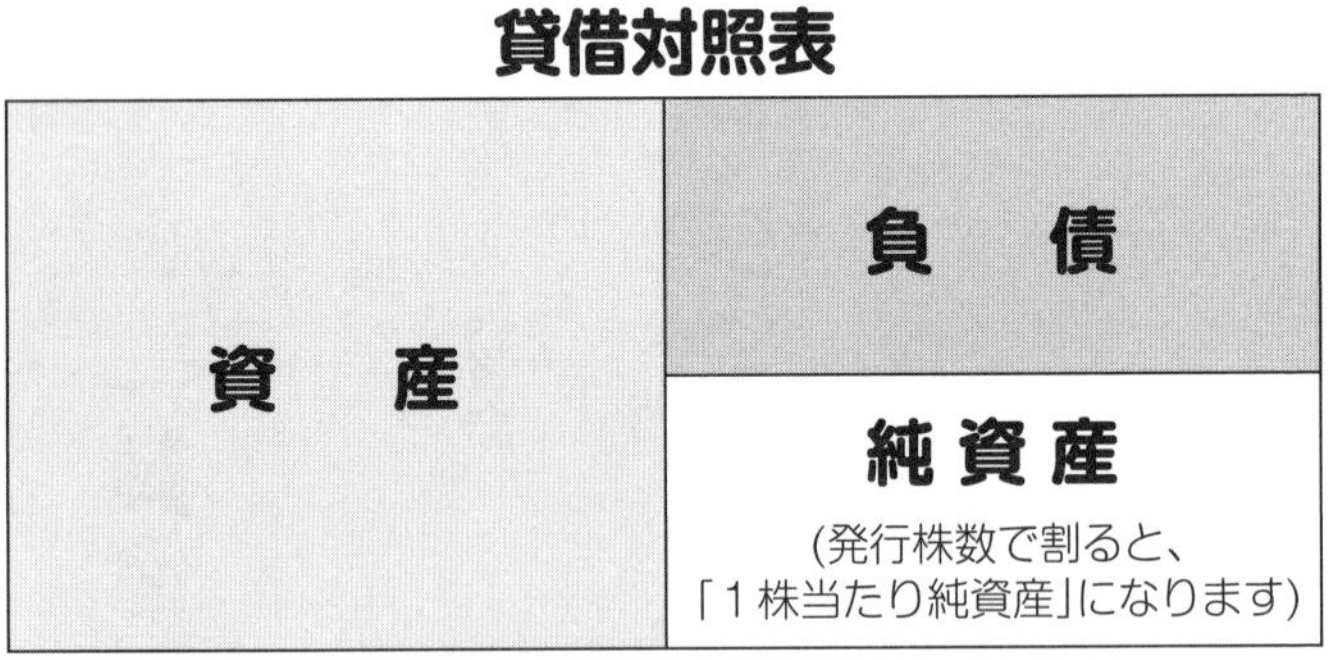

● 時価総額 ÷ 純資産 ＝ PBR
● 株価 ÷ 1株当たり純資産 ＝ PBR

先ほど見たように、ＰＢＲは純資産の数字を使って算出します。そのため、ＰＢＲの構成要素として貸借対照表がある、とも言えます。

純資産は資産から負債を除いたものなので、純資産を見るには、貸借対照表で資産と負債がどのようなもので構成されているか確認する必要がある、と言い換えることもできるでしょう。

換金性資産が多い会社は潰れようがない

貸借対照表に関して、投資家の視点で通常押さえておきたいポイントは、自己資本比率や有利子負債の額などになります。しかし、それはどの本にも書いてあります。

ですからここでは、私が独自に注目している「**換金性資産の多寡**」について、詳しく解説してみたいと思います（自己資本比率や有利子負債についても重要なので、それらについては各自リサーチしておいてください）。

「換金性資産」とは、**現預金や有価証券、賃貸不動産など、現金が必要となったときに短期間のうちに換金できる資産**のことです。この換金性資産から有利子負債を除いた金額がどの程度あるかによって、その企業に余剰資金がどれくらいあるかを探ることができます。

ちなみに、売掛金や受取手形についても換金性資産に含める場合がありますが、これらは日々の営業循環のなかで使われているもので、余剰資金とは考えられません。そのため私の分析では、これらを換金性資産のなかに含めていません。

さて、この換金性資産を多く保有する企業は、倒産する可能性が極めて低くなります。

そもそも企業が倒産するのは、赤字になったときではなく資金繰りが行き詰まって借金を返済できなくなったときです。企業は赤字を垂れ流しながらでも資金が続く限り存続できますが、借りたお金を期日までに返済できないようになると、実質的な営業ができなくなって、黒字でも倒産してしまうのです。

ですから、**現金に近い換金性資産をたくさん保有している企業は、たとえ業績が悪化したと**

しても、通常は潰れようがありません。

換金性資産を多く持っている企業を選んで投資をすれば、投資の際の安全性をある程度確保できるのです。とくにまだ投資に回せる資金がそれほど多くなく、投資先が倒産して株が紙くずになってしまうのだけは絶対に避けたい、という投資初心者のみなさんには、ぜひとも注目してほしいポイントと言えるでしょう。


さらに言うと、「換金性資産」が多い企業は資金繰りに余裕があります。そのため、業績がよい場合には増配や自社株買いで株主還元を行う余地があります。

こうした材料が発表されると株価が上昇しやすいので、そうしたポジティブ・サプライズを期待できる投資先にもなるのです。


ですから、**表面上はＰＢＲの数値が同じであっても、資産に占める「換金性資産」の割合が大きい会社のほうが、より安全で割安な企業と言える**のではないかと私は考えています。

この点を指して、私のブログなどでは「ＰＢＲの質がよい」と表現しています。

ポーラとヴィレッジヴァンガード

具体例として、ポーラ・オルビスホールディングスと、ヴィレッジヴァンガードコーポレーション（2769）の過去の貸借対照表を取り上げてみます。

この2社は、どちらもPBR0・6倍くらいのときに買うかどうかを検討していた会社ですが、貸借対照表を分析すると明暗がきっぱり分かれたため、強く印象に残った事例でした。

ポーラ・オルビスホールディングス

まずは、検討当時最新だったポーラ・オルビスホールディングスの貸借対照表について、本書の解説には関係のない部分を省いた簡易版を、次ページの図9に掲載します。

同社の貸借対照表を見たときには、かなり驚いた記憶があります。

それは、あまりにもその内容がよすぎたためで、まさに「お宝」を発掘した気分でした。

同社への投資を検討したのはＩＰＯ（新規上場）の時点なのですが、貸借対照表を入手して資産の内訳を確認すると、現金、有価証券などの換金性の高い資産が大量にあり、逆に借入金

図９ 検討当時のポーラ・オルビスHD貸借対照表（簡易版）

【資　産】

流動資産 1,072億円	現金　346億円
	有価証券 321億円
	商品　94億円
	その他 311億円
固定資産 557億円	賃貸不動産 234億円（時価453億円＝含み益219億円）
	その他 323億円
投資その他の資産 247億円	投資有価証券 175億円
	その他　72億円

【負　債】

流動負債 236億円	借入金　17億円
	その他 219億円
固定負債 110億円	その他 110億円

【純資産】
1,531億円

PBRはこの部分しか見ていない。
その構成要素まで確認すれば、
思わぬお宝を発見できるかも！？

はほとんどない状態でした。なおかつ、賃貸不動産の含み益が２００億円以上もあり、換金性資産だけでおよそ１３００億円も保有していました。

純資産にも匹敵する額の換金性資産を保有しているということは、「ＰＢＲの質は最高」な状態ということです。

ちなみにＰＢＲの質については、厳密にいくらあればいいとか、何割あればいいということではなく、まずは余剰資金が非常に多い、ということで判断すればよいでしょう。

この時点で、今後はこの余剰資金を使ってＭ＆Ａ（合併・買収）をしたり、あるいは使い道がなければ配当を増やしたりするのだろうな、と想像でき、躊躇なく買うことがで

図10 ポーラ・オルビスHD（4927）の月足チャート

2010/12～2015/07

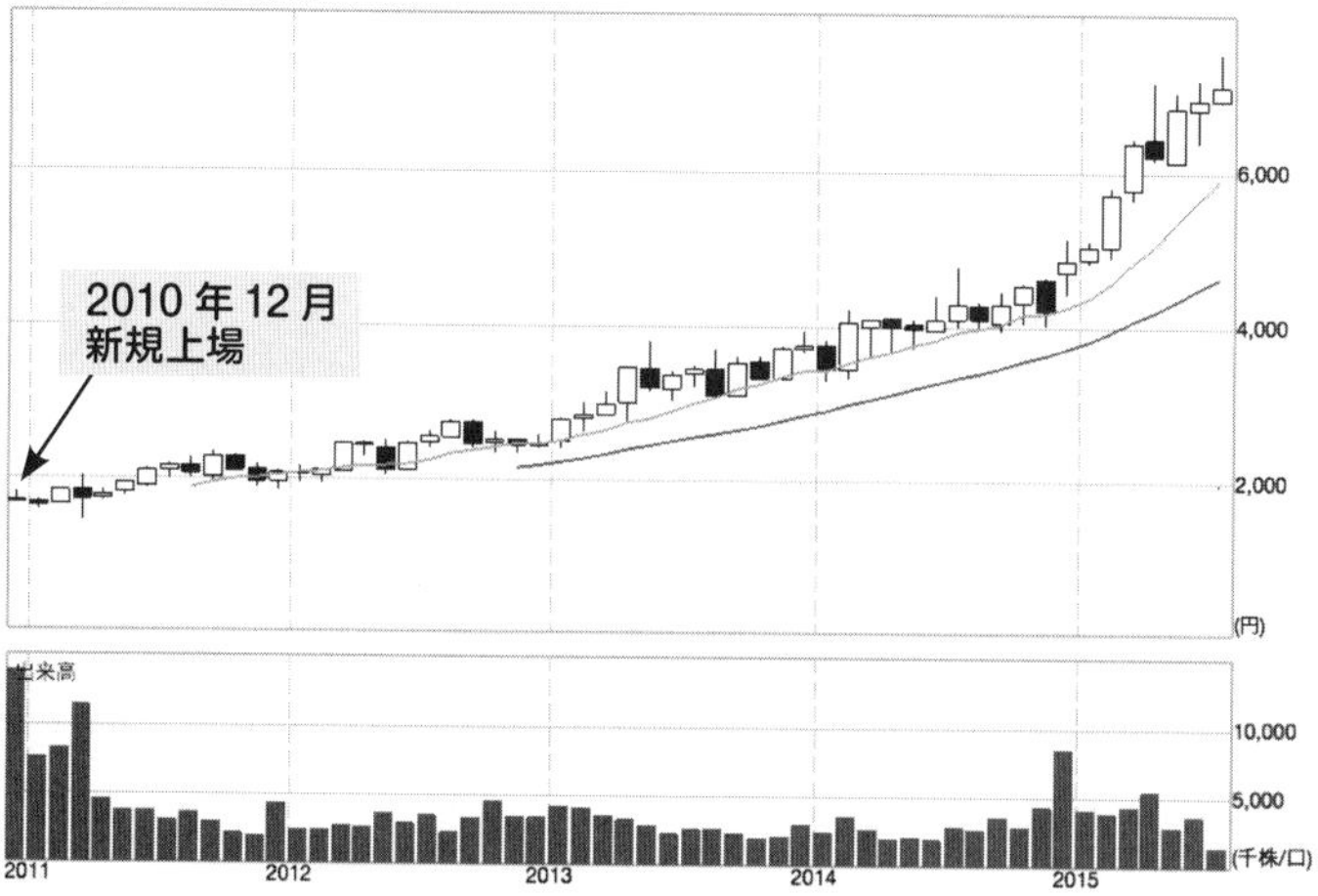

きました。

同社は優待銘柄でもあるので、株主優待のおまけもついてきます。

実際にその後のポーラは、海外の企業をM&Aしています。また海外子会社の一部が不振になると、賃貸不動産を売却することで利益減少分の埋め合わせをしました。さらには大幅な増配も行って株主に報いています。

結果、株価もIPO初値の約3・5倍の水準まで、右肩上がりで上昇していったのです。

当初の私の予想を遥かに超えて、会社も株価も成長してくれた、大成功事例となった銘柄です。

このように、**換金性資産（余剰資金）を多く持つ**

会社は、経営面でも実行可能なさまざまな選択肢を持っている状態にあります。

さらには株主還元を積極的に行う可能性も期待できます。

みなさんも、このように換金性資産の観点から貸借対照表を調査していけば、「お宝銘柄」となる可能性が高い会社を見つけられるかもしれません。

ヴィレッジヴァンガードコーポレーション

一方で、検討当時のＰＢＲ指標だけで見るとポーラと同じ０・６倍だったものの、換金性資産があまりなく、リスクの高い投資先だと見抜けた事例として、ヴィレッジヴァンガードコーポレーションを取り上げてみたいと思います。

検討当時の「会社四季報」だけを見ていると、同社は有利子負債もそれほど多くなく、自己資本比率も50％超ありました。そのため、一見すると「優良企業」に見えました。また、増収増益も続けていたので、最初の段階ではなんの問題もないのではないか、とも思ったものです。

しかし、ＰＢＲの構成要素、つまり資産の内訳を念のために貸借対照表で詳しく確認すると、

図11　検討当時のヴィレッジヴァンガード社の貸借対照表（簡易版）

【資　産】

流動資産 250億円	現金　35億円
	商品　186億円
	その他　29億円
固定資産 30億円	建物備品等 30億円
投資その他の資産 26億円	保証金等 26億円

【負　債】

流動負債 83億円	借入金　22億円
	その他　61億円
固定負債 49億円	借入金　33億円
	その他　16億円
【純資産】 172億円	

疑問が生じてきました。

資産として計上されているもののほとんどを、「商品」が占めていることを発見したからです。

勘定科目の「商品」とは、お店や倉庫にある在庫のことです。そのため、誰かが買ってくれなければいつまで経っても現金化できないし、時間が経つと品質が落ちたり、流行遅れになったりして、劣化していく性質の資産です。よって「換金性資産」とは言えません。

要するに、在庫過剰の可能性があり、余剰資金が非常に少ない会社であると感じたのです。

みなさんは、こういった特徴を持った会社にどのようなリスクがあるか、想像できるでしょうか？

図12 ヴィレッジヴァンガード社（2769）の週足チャート

2013/03/22 ～ 2015/03/13

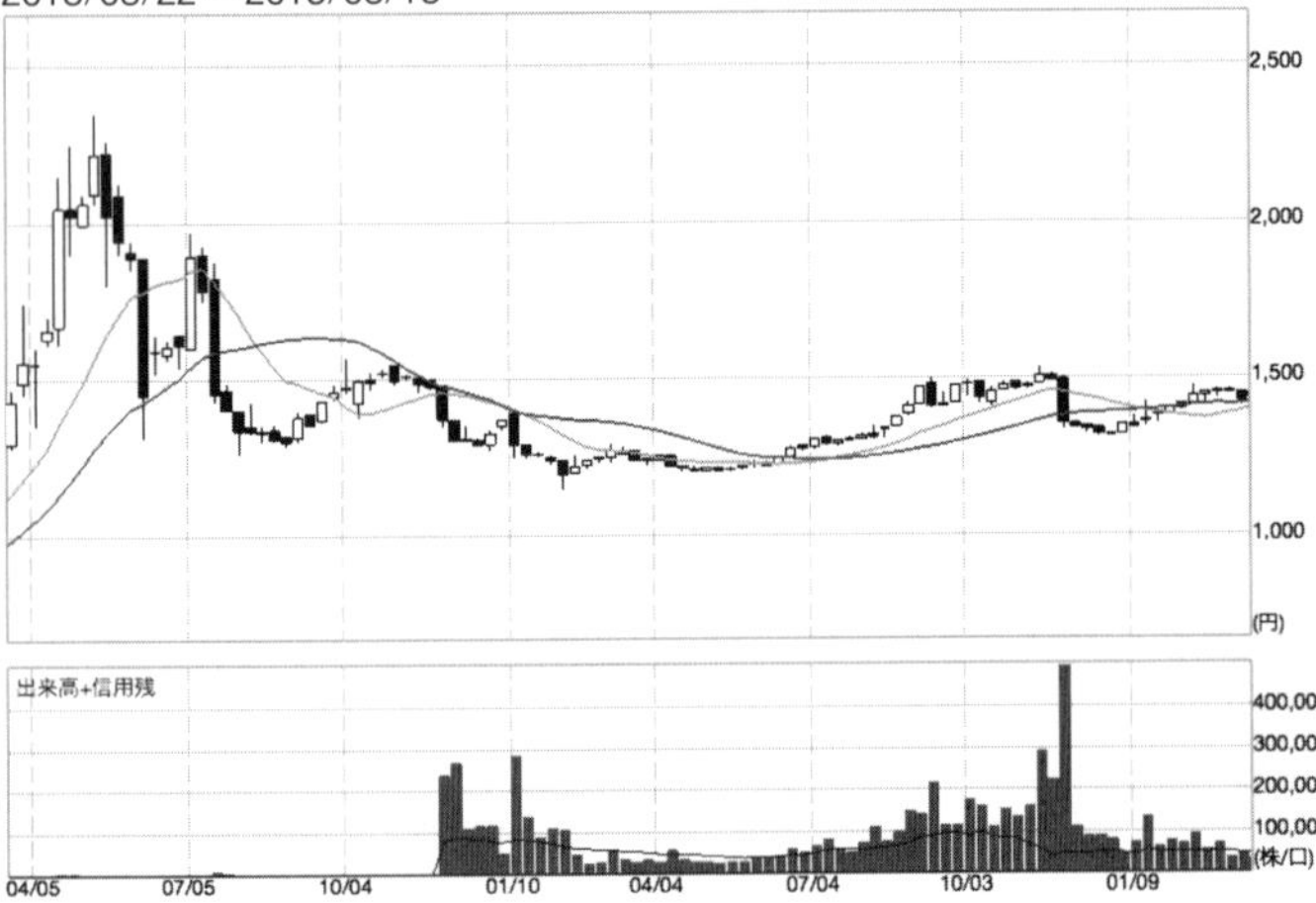

簡単に言えば、**在庫が売れなかったら全部損失になる可能性がある**、ということです。

こういう状態を、個人的には「PBRの質が悪い」と表現しています。

結局、同じPBR0・6倍でも、ポーラなどと比較すると極めてリスクが高い投資先だなぁ、と判断し、優待がもらえる最低単元だけを買うに留めました。

実際に、ヴィレッジヴァンガードはその後在庫が売れなくなり、多額の損失を計上することとなりました。

その時点で、資産だと思っていた在庫に価値がなくなってしまったわけです。これこそが、換金性資産の少ない企業におけるリスクです。

ヴィレッジヴァンガードは、大変にお得な優待を提供している有名な優待株でもあるため、それでも株価は持ちこたえていますが、値上がり益はあまり得られていないことが、チャートから見て取れるでしょう。

なお、同社は「商品」が多い会社の事例でしたが、このほかにも**「売掛金」「棚卸資産」**などの資産は、評価損が発生しやすかったり、最悪の場合には粉飾決算にも使われたりしやすい勘定科目です。

こうした科目が資産の多くを占めていないかに注意して、換金性資産の少ない企業のリスクを貸借対照表から嗅ぎ取れるようになると、ＰＢＲに現れている数字が額面どおりに評価できるものなのかどうかも、自分で判断できるようになるでしょう。

「損益計算書」の異常値に惑わされない

「通常の景色」を知っていれば異常値が見抜ける

貸借対照表と対になる財務諸表である損益計算書は、企業の収益性を見る財務諸表です。英語ではProfit & Loss Statementと言い、略して「Ｐ／Ｌ」です。

貸借対照表がＰＢＲの構成要素を含むものであったように、損益計算書はＰＥＲの構成要素を含む書面です。

基本的な読み方などは各自学んでいただくとして、本書では「**通常の数値と特殊要因による異常値との違い**」について、詳しく見ていくことにしましょう。

左の図13に、一般的な損益計算書の内訳をかなり簡略化したものを掲載しました。これを見ていただくと、売上高から営業利益、経常利益の段階を経て、最終的に純利益が導き出される

図 13 損益計算書と PER

損益計算書

（単位：百万円）

売上高	営業利益	経常利益	純利益
10,000	500	500	300
	（売上高の５％程度）	（売上高の５％程度）	（売上高の３％程度、経常利益の60％程度）

- 時価総額 ÷ 純利益 ＝ PER
- 株価 ÷ 1株当たり純利益 ＝ PER

ステップがわかるでしょう。そしてその純利益が、ＰＥＲの数字に直結していくことも見て取れるはずです。

ただ、ＰＥＲについては本章の前半ですでに散々説明しましたので、ここではこれ以上は説明しません。むしろここでは、各段階での利益の数字の割合に注目してください。

業種によっても多少異なりますが、たとえば優待株に多い小売・外食企業においては、売上高に対する営業利益率、また経常利益率は、おおむね５〜10％程度です。図13もその例にならって作成してあります。

そして、純利益は経常利益の60％程度になるのが普通です。これは、経常利益の段階から、法人税等の税金が約40％かかるためです。

損益計算書における各段階の利益の数字は、おおよそのような比率で次第に減っていくのが「通常の景色」である、ということをまず把握しておくことが非常に大切です。

なぜなら、この**「通常の景色」が頭に入っていないと、異常値に気づいてその原因を的確に見抜くことができない**からです。

健康コーポレーション

ここは具体例で見てみましょう。

ここ数年、「ライザップ」などの健康関連サービスや果敢なM&Aで、急激な成長を実現している健康コーポレーション（2928）の事例です。

同社の2014年3月期と2015年3月期の損益計算書は、2015年3月期の決算発表前の時点で、おおよそ図14のとおりでした。これを見ると、2015年3月期（予想）の売上高・営業利益・経常利益は前年比で順調に増えているのに、純利益だけは大幅に減少していることが読み取れます。

この数字に関して、2015年3月期は純利益が前年比で大幅なマイナスとなったので、会

図14 健康コーポレーション（2928）の損益計算書2期比較

（単位：百万円）

	売上高	営業利益	経常利益	純利益
2014/3	23,910	1,127	1,303	2,698
2015/3(予)	37,062	2,018	1,931	1,153

社の業績が悪いのではないかとか、すぐに損切りしたほうがよいのだろうか、といった質問をネット上の掲示板などでたくさん見かけました。

しかし、残念ながらそういう質問をしている時点で、この人はまだまだ投資に対する理解レベルが低いんだな、とわかってしまいます。何が「通常の景色」なのかを、理解していないことが一目瞭然だからです。

図14の数字のうち、異常値になっているのがどの数字かわかりますか？　先ほど説明した、各利益の数字が一般的に描く比率を思い出してください。

ちょっと簡単すぎですね。

答えは、２０１４年３月期の純利益の数字２６９８です。経常利益の倍近い、異様に大きな数値になっています。

通常は、「純利益は経常利益の60％程度」ですから、それが頭に入っていればパッと見ただけでも、何かが変だとわかる数字です。本来ならば、この数値は１３０３×60％＝８００程度のはずなのですから。

そのようにして異常値に気づくことができれば、損益計算書を入手し、異常値を導き出した理由を調べることもできるでしょう。

このケースでは、子会社の売却があったために特別利益が生じたことと、同じく税金の節約分が多額に計上されたために、２０１４年３月期の純利益が異常に大きな数字になった、ということが損益計算書から読み取れました。決算発表資料にも、その旨がきちんと明記されていました。

つまり、２０１４年３月期の純利益２６９８という数字は、毎期出せる数値ではない＝企業の実力を測るには適していない数値、ということです。

バリュー投資の腕を磨いていこうと思うなら、こうした1期限りの特殊要因を除いた、実質の純利益で投資判断をするようにしていきましょう。

ＰＥＲの数値は、１株当たり純利益の数字から機械的に計算されるため、こうした異常値も数字に反映してしまいます。そのためＰＥＲだけを見ていると、ある会社の株価が突然超割安になったり、逆に超割高になったりすることがあります。

それが異常値によるものだと気づけないまま、買ったり売ったりしてしまうと、計算違いで損をする可能性が大きくなってしまうのです。

こうしたミスを避けるには、純利益は経常利益の60％程度となるのが「通常の景色」であるということを、よくよく頭に叩き込んでおくことです。そして、そうなっていない企業を見かけたら、なぜそのような異常値になっているのか、損益計算書などで具体的な理由を調べてみる習慣をつけてください。

異常値を応用して利益につなげる

こうしたリサーチが習慣としてできるようになると、**異常値を応用して利益確保につなげたり、うかつな安値売りを避けたりすることも可能**となります。

内外トランスライン

たとえば、私自身の経験として内外トランスライン（9384）の例をご紹介しましょう。

図15 ● 下方修正発表時の内外トランスライン（9384）の損益計算書

（単位：百万円）

	売上高	営業利益	経常利益	純利益
2013/12	16,796	1,142	1,204	729
2014/12（予）	19,000	1,100	1,100	100

この銘柄は、東証1部への昇格候補銘柄のひとつとして、2012年に購入した株でした。

しかし、なかなか昇格しないまま2014年を迎え、しかもインド子会社の不振によって同年7月に下方修正を発表、多額の特別損失の計上が行われてしまいました。

これにより、同社の2014年12月期の予想純利益が大幅に減った結果、同期の予想1株当たり純利益は約20円となり、当時の株価は1400円前後でしたからPER70倍にもなってしまったのです（左の株価チャートは、その後の株式分割を反映しています）。

もし、この時点で単純に「PERが70倍だから超割高！　売り、損切り！」としてしまっていたら、その後、後悔することになったのは間違いありません。

図16のチャートを確認していただければわかるとおり、その後、同社の株価は復活を遂げるからです。

図16 内外トランスライン（9384）の週足チャート

2013/07/19～2015/07/08

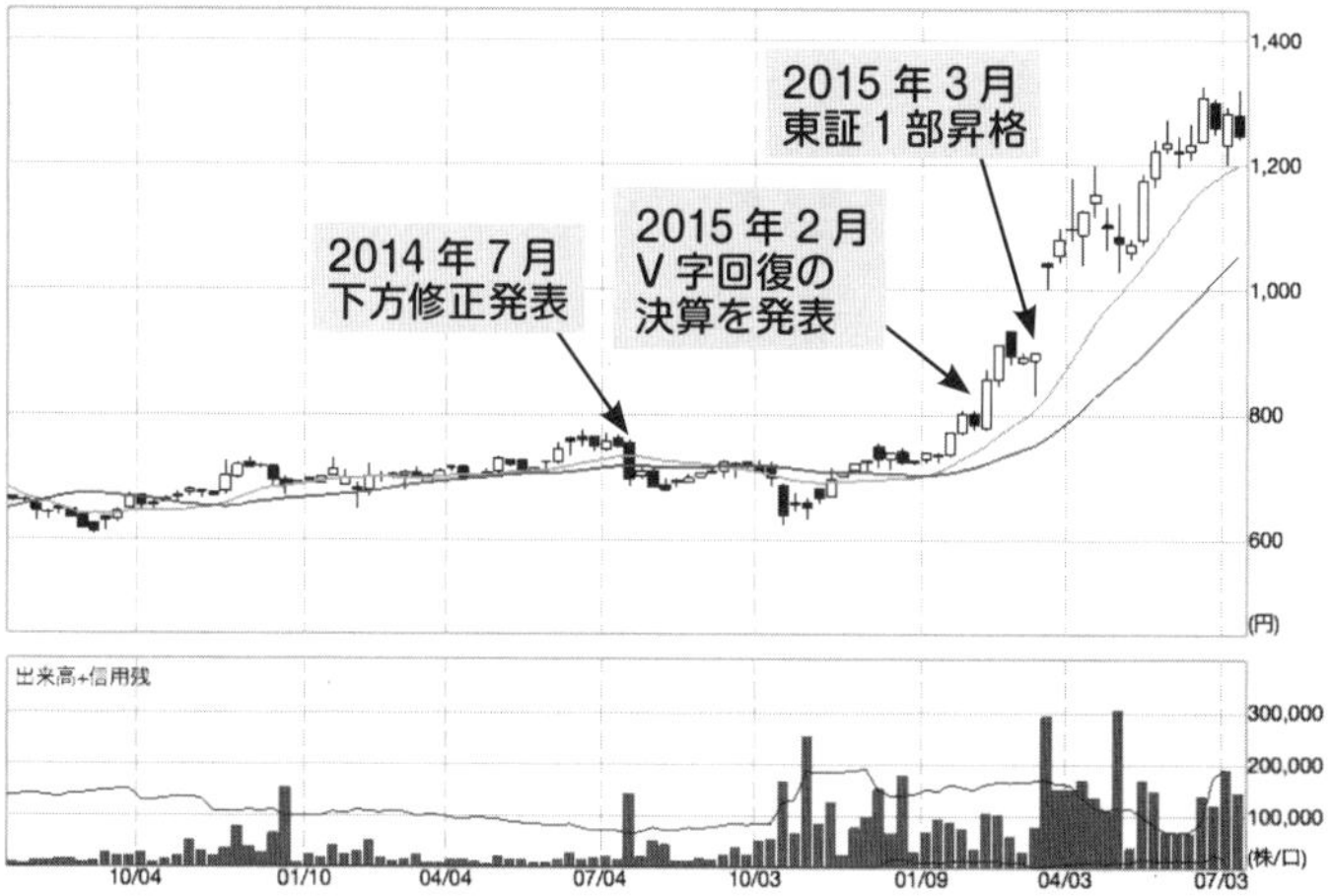

特別損失が出た時点でまず考えるべきは、**その損失が一過性のものかどうか**です。

一過性のものだと判断できれば、次期にはその特別損失は消えますから、通常の利益状態に戻る可能性が高いと考えられます。当然、株価もそれ相応の水準に戻ってくるでしょう。

すでに見たように、市場には純利益の異常値を見抜けない人たちがたくさんいます。また、より短期的なスパンで投資をしている人たちは、たとえ特別損失が一過性のものでも、株価の回復を待つまでの時間的な損失を嫌がって売りに走る傾向があります。

これらの事情があるため、たとえ一過性の異常値でも、特別損失の発表後には株価が短期的に下がるケースが多いです。

この局面は、異常値の理由を確認してそれが一過性のものだとわかっている長期の投資家にとっては、**むしろ「絶好の買い場」になる可能性が高い局面**です。このタイミングで買い増しをしたり、新たに買いで参入したりすることも検討できるでしょう。


あるいは、当時の私のようにすでにその銘柄を保有している場合には、特別損失や下方修正が出ると、動揺して安易な損切りに走りがちです。

しかし、異常値とその理由を自分で確認することができていれば、**うろたえることなく、保有を続ける判断ができる**でしょう。それによって、本来得られていた利益を取り逃すケースも、少なくなるはずです。


事例の内外トランスラインについては、その後、2015年2月に発表された2014年12月期決算で、2014年の利益額等が小幅に上方修正されたうえ、V字回復となる2015年12月期の予想値が発表されました（図17）。

結果、PERにも割安感が出て、株価が上昇したのです。

図17 同社の2014年12月期決算の損益計算書部分

（単位：百万円）

	売上高	営業利益	経常利益	純利益
2013/12	16,796	1,142	1,204	729
2014/12	20,094	1,145	1,207	216
2015/12（予）	21,000	1,500	1,500	1,000

V字回復！

多額の特別損失といった一過性の特殊要因がなくなることは、損益計算書をはじめさまざまな会社発表資料を読めば、事前に把握可能でした。ですから、それらを自分で調べていた投資家さんにとっては、これは十分「読む」ことができた株価上昇だったでしょう。

さらに2015年3月には、念願の東証1部昇格も果たし、株価が1000円台（分割後）まで一気に上昇するというオマケまでついてきました（オマケに関してさらに言うと、この銘柄もカタログギフトの優待がつく優待株です）。

貸借対照表や損益計算書など、各種の財務諸表についてこうしたより詳しいリサーチが自分でできるようになると、あなたも、よりレベルアップした「バリュー投資家」さんになれるはずです。

会社数字は「ブレイクダウン」を意識する

大枠を把握してから、構成要素を再チェック

前述の貸借対照表や損益計算書など会社の数字に関する決算資料、あるいは「会社四季報」などには、常に「**ブレイクダウン**」の視点を持って接するようにしましょう。まずは「大枠」を把握し、次にその「構成要素」を調べていく、というイメージです。

たとえば、ある企業の財務健全性を考えたいのであれば、いちばん最初に見るのは「自己資本比率」でしょう。自己資本比率が50%以上などと高ければ、一般的には財務が健全だと考えられます。

しかし「本当にそうなのかな?」と、その中身や構成要素を見ていくと、企業によって意外にそうでもないケースがあることは、ヴィレッジヴァンガードの事例で示したとおりです。

そういう視点でいろいろな企業を調べていくと、逆に、自己資本比率の数字は低くても、財務の健全性にはとくに問題がなさそうな企業も散見されます。

たとえば、豪華な金粉入りスパークリングワインを優待でもらえることで有名なサン・ライフ（４６５６）という会社は、自己資本比率が10％台で、その数値だけから判断すると財務が健全ではない企業に見えてしまいます。

一般的に、自己資本比率の低い企業は借入金がたくさんあって、少し業績が悪化すると耐え切れずに倒産してしまうリスクがあります。サン・ライフもそのような企業なのかな〜、と考えて有利子負債の数字を見てみたのですが、なんとゼロでした!?

そうやって「あれ、どういうことだ……？」と疑問を抱いたら、自己資本比率の構成要素となる資産や負債の内容を決算資料などで確認していきます。最初は大きなところから見ていき、何か疑問が出てきたら細かい部分を確認していく。これこそが「ブレイクダウン」の視点です。

わからないことをひとつずつ消していく

事例のサン・ライフの場合には、貸借対照表を開いて金額の大きな負債科目がないか確認してみました。

すると、「前払式特定取引前受金」という見慣れない科目が２７０億円分もあり、突出した数字になっていました。

この勘定科目名を見てピンとくれば上級レベル。なんのことかわからなければ、ネットで検索するなり会社に電話で聞いてみるなりすればよいでしょう。

私自身もそうした結果、この前払式特定取引前受金という科目は、冠婚葬祭のために会員が会社に預けて、積み立てた資金のことで、デパートの「友の会」などと同じ仕組みのものなんだな、と理解できました（事前に積み立てておくと、あとでお得にサービスを利用できる）。

ということは、退会者が続出したりでもしなければ資金繰りに問題は生じず、財務の健全性には問題がなさそうだ、と結論を出すことが可能です。


こういったことを日々繰り返し実践していると、ブレイクダウンの手順に沿った調査や分析が当たり前のようにできるようになります。既存の決算資料を分析するときだけでなく、新たに何か材料が出たときに、その影響の大きさを分析するのにも役立つでしょう。

もちろん、そうしていると「前払式特定取引前受金」のようにすぐには理解できない言葉や仕組みが常に出てくるので、**わからないことはひとつずつ学びながら、一歩一歩自分のものにしていく**と実力がついていきます。

私のバリュー株投資

キャッシュリッチなサイバーエージェントを主力銘柄に

それでは、この章でも私自身のバリュー株投資のエピソードを少しお話しましょう。

優待株投資が軌道に乗ってきたころ、情報集めの一環として経営者のインタビュー記事や著書、関連書などをよく読むようになりました。

当時、株を保有していたワタミの社長だった渡邉美樹氏の関連書を多く読んだことは前述しましたが、同じように面白い経営者がいないか、類似の本を片っ端から読んで探していたのです（ちなみに、渡邉美樹氏に関する本ではワタミの創業期をモデルにした『青年社長』〈高杉良／角川文庫〉が、臨場感があってお勧めです）。

ＩＴバブルの時代で、私とも年齢が近い、30代の若い経営者の本がたくさん出ていた時期でもありました。

そんななかで、強く興味を惹かれるようになったのがサイバーエージェント（4751）の藤田晋《すすむ》社長でした。藤田社長のブログや書籍を読んでいるうちに、ネット広告やブログに関して興味が湧きました。同社の財務諸表などを見ると、多額の現金を抱えて「換金性資産」が多く、意欲的な中期計画を掲げ成長企業に見えたことから、当時の主力銘柄としたのです。

v-com2の名前の由来

ちなみに、のちに私はサイバーエージェントの運営するアメーバブログで「21世紀投資」というブログを始めるのですが、そのときちょうど、藤田社長が良書として推薦していた『ビジョナリー・カンパニー2　飛躍の法則』（ジム・コリンズ／日経BP社）という本を読んでいました。何かハンドルネームを決めなければなぁ、と思ったとき、いま読んでいる本の原題がVisionary Company 2だから、頭文字を取って「v-com2」でいいや、としたのがハンドルネームの由来です。

当時は、それなりに知名度が上がって何年も続くブログになるなどとは思ってもいませんでしたから、ごく気軽につけたのですが、「記号のようでなんと読めばいいのかわからない」など言われることも多いので、もう少しじっくり考えておけばよかったなぁ、と思うこともあります。もちろん、後の祭りですが……。

ライブドアショックとバリュー株投資からの軌道修正

少々話が逸れましたので、株の話に戻しましょう。

当時、私は前述のとおりサイバーエージェントの藤田社長に興味を持っていたのですが、彼は大変人脈が広い人でもあり、周辺にたくさんの若手社長のネットワークがありました。

私は彼らにも興味を持って、それぞれの起業物語を調べたり、会社の財務諸表などを見て有望だと思えれば、その会社に実際に投資をしたりするようにもなりました。

そのときには気づかなかったのですが、当時はちょうど新興市場にちょっとしたバブルが起きていた時期で、結果として私の投資資金も急速に含み益が膨らんでいきました。私自身の初期の投資における全盛期と言ってもよいかもしれません。

「バブルは、弾けてみなければバブルと気づかない」という格言がありますが、私自身の経験から言っても、これはかなり真実を突いた言葉だと思います。この時期には毎日が給料日であるかのように、含み益がドンドン増えていく状況に高揚していました。そして2006年1月、持ち株の評価額が初めて1000万円の大台を突破したのです。

当時、私はまだ20代の若造でしたから、証券口座に表示された1000万円台の数値に非常に興奮していました。いつまでもこんなよい時期が続くはずがないと最初は考えていましたが、あまりにも株価が上昇することで、いつしかそうした感覚が麻痺してきました。バブル時の典型的な錯覚に陥っていたことが、いまならわかります。

しかし、私の資産が1000万円を突破した、まさにその1月の16日、ライブドア本社に強制捜査が入りました。ライブドアショックの始まりです。

私自身は、同社やその関連企業に投資していなかったので、その時点ではそこまで悲観的になっていませんでした。現に翌1月17日の株式市場は、朝方こそ大きく下落したものの、昼ごろには持ち直しかけており、やっぱりライブドア以外の株は大丈夫だと思ってしまったのです。

しかし、その日の午場から急激に新興市場全体が崩壊に向かい、銘柄に関係なく10％安が当たり前という状態になってきました。

その翌日の2006年1月18日は、私が市場で初めて恐怖の感情を感じた日でした。場が開いた途端、当時私が主力としていた新興市場の持ち株は軒並みストップ安気配値に張りつき、場が引けるまで取引が成立しない銘柄も多くありました。

その後も、だらだらと株価が下落する日々が続き、投資資金はなすすべもなく600万円台にまで逆戻りしてしまいました。

長期投資とは手段であって目的ではない

当時は、趣味や楽しみとしての優待株投資も行いながら、ここぞという会社を見つけたら何があっても売らず、30年後に大きな成果を得ることをめざす長期投資こそが「投資の王道」だと思っていました。

確かに、割安な株価で買って企業が高成長すれば、30年後には大きなリターンを得られるかもしれません。しかし、実際にそういった企業を見つけるのは非常に難しいことですし、ライブドアショックのような暴落があったときには、株価がどんどん下がっていくなかでも保有し続けなければなりません。

実際には、新興市場のプチバブルによってすでに割高となっていた銘柄も多く、ライブドアショックをきっかけに、適正以下の水準にまで大きく下落していく状況を初めて目の当たりにしました。長期投資とはなんなのかを、改めて考える機会になったのです。

そもそも長期投資というのは、企業の本質的な価値に見合った株価になるには時間がかかるからこそ、長期間の保有が推奨されるのであって、割高な株価で買ってしまった場合には長期的にも下落する確率が高まります。

また、想定より遥かに短期的に株価が上昇してしまった場合にも、それ以上、保有し続ける合理的な意味がなくなってしまいます。

自分で推計した企業価値や適正な株価にこだわって長期投資するだけでは、そう簡単に大きな利益を上げることはできないのではないか？　ライブドアショックによる資産急減を受けて、私はそんなことを少しずつ考え始め、それまでのバリューと長期投資だけを重視する投資手法から軌道修正することを意識するようになったのです。

いま考えると、あのライブドアショック前後の出来事は、私が投資家として大きく成長するには不可欠なきっかけのひとつだったのでしょう。

いまではよい思い出だと考えていますし、ライブドアの元社長の堀江さんに対しても、まったくマイナスの感情は持っていません。むしろ、今後の日本をよい方向に変えていくには欠かせない人物のひとりなのだろうと、いまでもその動向や発言に注目しています。

バリュー株投資には信用取引は向かない

心理的な余裕がなくなる

ライブドアショック前後の試行錯誤のなかで、一時、信用取引も試したことがあります。まだまだ資金が少ないころでしたから、買いたい銘柄が見つかっても資金に余裕がなく、買えないことがよくあったからです。

そうした資金の問題を信用取引が解決してくれるのではないか、という考えがまずあり、また「信用取引は危険だ」とよく言われているけれども、実際に自分で試してみないことには本当にそうかどうか納得できない、という気持ちもありました。

実際に試してみると、確かに便利で、うまくいけば短期間で利益を増やせる優れものに感じたこともありました。しかしライブドアショックの急落を経て、印象が大きく変わりました。

信用取引では自分の資金以上に買い注文を出せます。すると、高値からちょっと暴落した時点で、すぐに買い注文を出したくなるのです（その時点でも、数ヶ月前からすれば結構な高値なのに！）。実際にそうした注文を出して、損失を拡大させてしまった経験を経て、「これは、自分には向いていないな」と口座そのものを閉鎖することにしました。この判断は正しかったと、いまでも思っています。

そもそも、私のように企業の価値を意識している投資家では、比較的長い時間をかけ、株価が企業の本質的な価値に近づいていくのを利用して利益を得ることを狙います。**制度信用取引では返済期限が半年と決まっている**ので、この点から見てもバリュー株投資に向いていません（ただし、一般信用取引では通常、返済期限はありません）。

また、信用取引では借金をして投資をしている状態になりますから、心の平静を保ってどんと構える投資が難しくなります。市場で暴落などがあると、資金的にはもちろん、**心理的にも損切りせざるをえない状況に追い込まれやすい**のです。このような理由で、バリュー投資家さんになろうと考える人は、あえて信用取引に手を出す必要はないと私は考えています。

優待目当てのクロス取引は上級者向け

優待株投資に関しては、現物買いと信用売りを組み合わせて低コストで優待を獲得する「クロス取引」が、最近人気になっているようです。しかしこのクロス取引についても、私はあまり推奨しません。ほかにメインの投資法を確立した上級者がやるのならまだしも、初心者の段階でこれをやってしまうと、次のような状況に陥る危険性が高いと感じるためです。

- **クロス取引そのものが、企業から優待だけむしり取るような取引であり、長い目で見てその後の投資活動に悪影響があると考えるため。大きな果実を得るには、リスクを取らなければならないが、クロス取引はリスクを避けることが主眼になった手法である**
- **クロス取引を実行するには信用口座を開かなければならない。なまじ自分の資金より大きな買い注文を出せる状況にあると、つい注文してしまい、致命傷を負うリスクがある**
- **クロス取引では、結局のところ大きなリターンは得られない**

人により考え方はさまざまでしょうから、この点については自分の考えを押しつける気はありません。しかし、私はやはり、優待は企業を中長期的に応援する株主へのプレゼントであると考えているので、どうしてもクロス取引に違和感を感じてしまうのです。

読者のみなさんは、どう感じますか？

【第2章のポイント】

- 株式投資での勝率を上げるには、バリュー株投資の視点も必要
- 収益面の指標「ＰＥＲ」は、何年で投資額の元が取れそうかを示す
- ＰＥＲの適正レベルは15倍が一応の目安。成長企業ならやや高め、衰退産業の企業ならやや低めで考える
- 「ＰＢＲ」は、資産面から「元が取れる株価」かどうかを示す指標
- ＰＥＲとＰＢＲの両面から、自分でその企業の価値を推計できなければバリュー投資家とは言えない
- 貸借対照表はＰＢＲに直結している。精査することで、「ＰＢＲの質」のよし悪しを判断できる
- 損益計算書はＰＥＲにつながっているが、純利益の異常値には要注意
- 信用取引やクロス取引はお勧めしない

第3章

優待株×バリュー株「優待バリュー株投資」に進化する

組み合わせることで予測精度が上がる

「優待バリュー投資家」さんが急増中！

前章で述べたように、単純なバリュー株投資にある種の「限界」を感じ、さまざまな試行錯誤を経たうえで私が辿り着いたのが「**優待バリュー株投資**」です。

これは、ひと言で形容すれば「第1章で解説した優待株投資と、第2章で解説したバリュー株投資のいいとこ取りをした投資法」です。本書をここまで読んで「優待マニア」さんから「バリュー投資家」さんに進化してきた読者のみなさんは、これまでに学んできたことを統合すればいいわけです。

この考え方は、最近では投資ブログ界隈ではかなり認知され、自らを「**優待バリュー投資家**」と称するブログ主の方々を多く生み出しています。しかし、まだまだ一般の投資家の方には知られていませんから、第3章ではこの手法・考え方について詳しく解説してみましょう。

従来の分析だけでは「視点」が足りない？

一般的なバリュー株投資では、前述したように「あるべき企業価値」を大まかに自分で考えて、現状の株価と比較して割安な場合にその銘柄を投資対象とします。長期的にはその差は埋まっていくはずなので、そこで利益が得られる、という手法・考え方です。

しかし、その差が埋まるまでには比較的長い時間が必要とされるため、資金効率が悪くなったり、暴落時に精神面のプレッシャーなどから株を手放してしまったりすることがたまに起こります。そもそも当初の企業価値の予想が間違っていた場合には、長期間資金を寝かせたのに値上がり益も得られない、ということも考えられます。

こういった問題点があることを、第2章で詳述しました。

加えて、私はバリュー株投資と平行して優待株投資も続けていたのですが、その経験のなかで、優待株のなかにはバリュー株投資の考え方では説明ができない値動きをする銘柄が、多くあることにも気づかされました。

そこで、私は優待株、とくに株主に占める個人投資家の割合が多い中小型の優待銘柄に関しては、**通常のバリュー株投資での「資産面」と「収益面」からの分析に加えて、優待の価値を**

意味する「優待面」からの分析をプラスして企業価値を考えたほうが、実態に沿うのではないかと考えるようになりました。

仮にほかの条件がまったく同じだとしたら、株主優待制度がある優待銘柄のほうが、優待のない銘柄よりも「投資家から見た企業価値」は当然高くなります。

多くの個人投資家はすでにそのように行動（投資）しているのですから、優待も含めて企業価値を分析したほうが、企業価値の予測精度が上がるだろう、と考えたのです。

たとえて言うなら、ある女性にプロポーズをする複数の男性の魅力を、その女性が相手の資産と年収だけで判断するのが従来のバリュー株投資、それに加えて、記念日などにどれくらい

魅力的なプレゼントをくれるかどうかで判断するのが、優待バリュー株投資ということです。

実際、女性にとって同じような条件の男性ならば、記念日に大きなダイヤの指輪や花束をくれる人のほうが、何もくれない人よりも魅力的に映るのではないでしょうか？


この考え方を図で示したのが、口絵１の図です。

投資経験が長い方では、すでになんとなく同じような投資判断をしていた方も少なくないでしょう。しかし、図に整理して考えてみると、改めてこれまでの投資行動を理論立てられるはずです。

中小型株では優待面の重要性が高まる

3つの視点から魅力を探す

優待バリュー株投資の企業価値分析では、口絵1のように資産面、収益面、優待面の3つの視点から割安な株を探します。もちろん3つすべてが魅力的なら最高なのですが、そうではない企業についても、ふたつの面では有望だとか、どれかひとつの面だけ突出して魅力的だといった場合には、投資対象にできる可能性があります。

結局は、自分がこの3つのうちどの面に魅力を感じるのか、そして他の投資家がその面に同じような魅力を見出すかどうかで、投資の成果が決まってきます。

機関投資家は優待面を見ていない

このうち、とくに**優待面については、大型株と中小型株でその重要性が変わってくる**のも優待バリュー株投資の大きな特徴です。

大型株では、一般に株主に機関投資家が多いです。彼らは、前述したように株主優待による利益をほどんど計算に入れていません。

また、株主優待の制度がここまで広まっているのは日本市場だけであるため、外資系のプレイヤーはそもそも株主優待制度の魅力の大きさをあまり知らない、という事情もあると思います（最近では、海外市場でも株主優待制度を設ける企業が少しずつ増加しているようです。しかし、まだまだ少数派でしょう）。

たとえ優待制度があっても大型株ではこうした株主が多いので、その銘柄の価値に占める優待面のウェイトが小さくなりがちなのです。

これに対して、中小型株ではそもそも株主になっている機関投資家が多くありません。

機関投資家には、時価総額や株数などによる投資上の制限が課せられているケースが多いため、中小型株にはあまり積極的に投資しないことが多いのです（もちろん、そうではない機関投資家もたくさん存在しますが、全体としてはそのような傾向がある、ということです）。

そういう中小型株では、必然的に株主は個人投資家ばかりになります。個人の投資家にとっては、株主優待の魅力やインパクトは非常に大きなものであるため、企業価値に占める優待面のウェイトが大きくなるのです。

この銘柄は資産面や収益面で見たら全然ダメだけど、優待面だけでこれくらいは価値があるから、株価はこの辺りまで値上がりしそうだ、と予想できるケースが考えられるわけです。

不動の優待王コロワイド

その代表例と言えるのが、近年「優待マニア」さんに大人気で、もはや「不動の優待王」と言っても過言ではないコロワイドです。

この銘柄は、「バリュー投資家」さんと「優待バリュー投資家」さんで、投資判断が見事に分かれる銘柄です。バリュー投資家さんなら絶対に買いませんが、優待バリュー投資家さんであれば買う、という銘柄なのです。

たとえば、本書を執筆中の2015年前半には、同社の株価は1600円程度で推移しています。その企業価値を資産面と収益面から考えると、

・資産面　PBR　6倍超
・収益面　PER　200倍超

となっており、通常のバリュー株投資の視点から見ると「ありえないくらいの割高さ」になっています。しかし、同社は500株以上の株主に対して年間4万円分もの株主優待を発行しています。優待面の分析をすると、

・優待面　優待利回り　約5%

となり、優待面ではいまだそれなりに魅力的な水準にある、とも言えます。

ここまでくると、コロワイドの株価は優待価値だけで構成されている、と言っても間違いではないでしょう。

もともと、コロワイドは500円前後の株価で長く推移していました。そのために長期保有株主のなかには、株価が1000円を超えた辺りで売ってしまった人もいたようです。

しかし、優待人気の高まりとともに、同社の株価はこれといった押し目もなく一時2000

図18 ● コロワイド（7616）の月足チャート

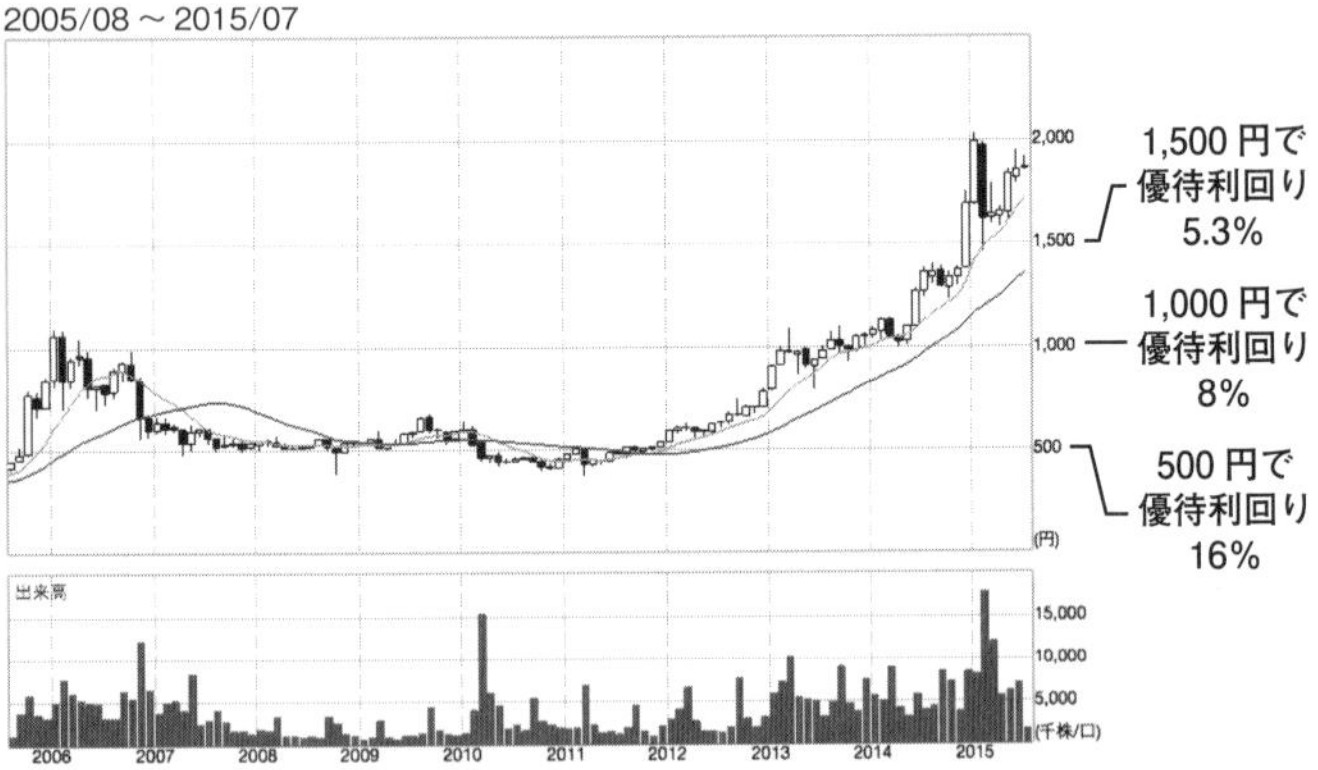

円の高値にまで駆け上がりました。1000円付近で売ってしまった人は、約1000円分の値幅を取り逃したことになります。

株価2000円では、500株購入して優待をもらうために、100万円もの投資額が必要です。しかしその場合でも、まだ優待利回りが4％程度あるので、買いたいと考える人はそれなりにいるでしょう。

それを理解している優待バリュー投資家さんならば、2000円前後になるまで売るのを我慢し、最大限の値幅を取ることもできたのです。

ちなみに優待マニアさんに関しては、いくらになっても売らないという人も多く、このケースでは値上がり前に買った方の多くが、結果的に報われているようです。

優待は「実質価値」で考える

その優待、どのくらいの価値がある?

優待面から企業価値を分析するに当たっては、**その企業の優待をどの程度の金額で評価するか**、という点も重要になります。

たとえばコロワイドの株主優待の内容は、現金とほぼ同等に使えるポイントです。しかも1円単位で利用が可能で、使用制限もほとんどなく、全国各地にたくさん存在する同社の飲食店で使えます。大変使い勝手がよい優待なので、このようなケースでは優待の額面どおりに4万円で優待利回りを計算しても、問題はないでしょう。

しかし、株主優待のすべてが、そのような使い勝手のよいものばかりではありません。すでに紹介した、かつてのワタミの優待のように、利用できる時間帯や曜日が決まっているものもありますし、利用できる店舗が特定の地域内にしか存在しないものも多くあります。

このような優待は、人によって価値が違ってきます。指定された条件で無理なく利用できる人にとっては価値が高くても、地理的な条件や時間的な制約で利用できそうにない人にとっては、あまり価値がない、とも言えるからです。

このような優待品の場合は、**優待の額面ではなく実質価値によって、優待面から見た企業価値を算出**しなければなりません。

メガロス

たとえば左の図19のチャートは、メガロス（2165）という会社の株価チャートです。チャートは緩やかな右肩上がりを描いており、これだけを見ると、普通の人なら業績好調な会社だと想像するでしょう。

ところが同社の直近の利益面を見ると、ほぼ右肩下がりの状態です。

この事例も、業績（やそこから導かれる企業価値）と株価は長期的には連動すると考える王道のバリュー投資家さんたちからしたら、「意味不明」の銘柄というわけです。

ここでも、株価上昇を唯一説明できるのは「優待価値」です。

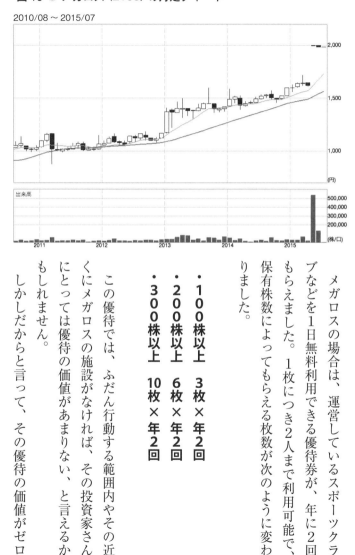

図19 メガロス（2165）の月足チャート

2010/08～2015/07

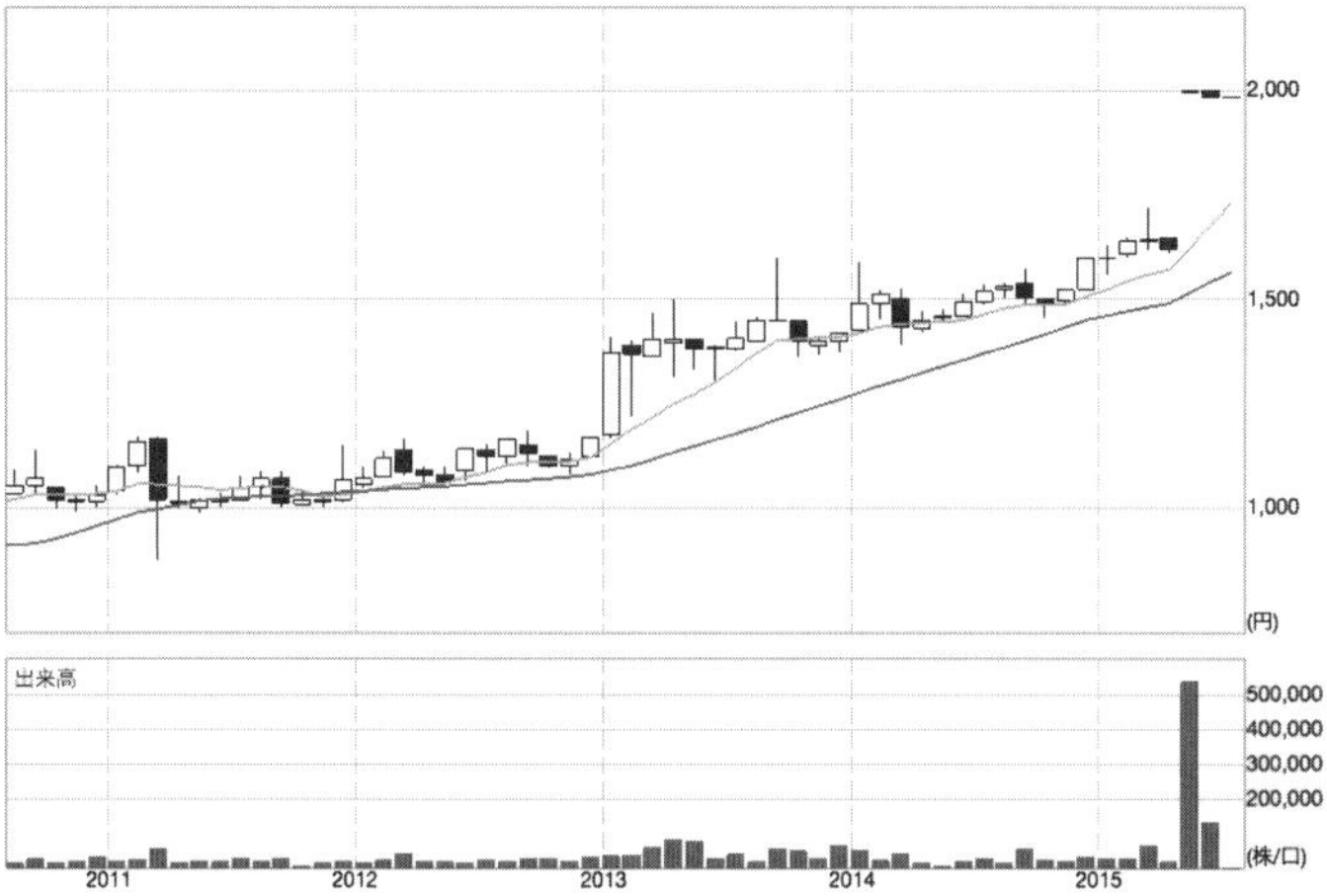

メガロスの場合は、運営しているスポーツクラブなどを1日無料利用できる優待券が、年に2回もらえました。1枚につき2人まで利用可能で、保有株数によってもらえる枚数が次のように変わりました。

・100株以上　3枚×年2回
・200株以上　6枚×年2回
・300株以上　10枚×年2回

この優待では、ふだん行動する範囲内やその近くにメガロスの施設がなければ、その投資家さんにとっては優待の価値があまりない、と言えるかもしれません。

しかしだからと言って、その優待の価値がゼロになるわけではないのです。

なぜなら、利用が本人に限定されていない株主優待券については、それを売り買いできる市場があるからです。具体的には、**金券ショップ**や**ネットオークション**です。

このうち、より便利に利用できるのはネットオークションのほうでしょう。

さまざまな人たちの個別取引の結果から平均値を取ることが可能ですし、ネット環境さえあればすぐに参照できるからです。過去の取引事例を見ることができるのも、メリットのひとつです。

そこで、さまざまなネットオークションサイトの取引事例を、過去10年分まとめて比較できるサイト「オークファン」で、「メガロス　優待　10枚」などのワードで検索して落札相場を確認してみました（過去10年分まで遡れるのは有料版の機能です）。

＊オークファン　http://aucfan.com/

すると、10枚当たりおおむね1万3000円前後で落札されていました（本書執筆時点）。

この**平均落札価格が、ほぼ万人に共通する「優待の実質価値」になる**でしょう。

優待発送回数が年2回ですから、３００株当たりで2万６０００円程度の優待価値があると計算できるわけです。

この原稿を書いている２０１５年前半の株価、１６００円ならば、「×３００株」して48万円を投資すると、優待で2万６０００円分が受け取れる計算になります。なんと優待だけで、利回りが５・４％もあることになります。

しかも、同社の時価総額はわずか70億円程度の小型株です。

このことを知っていれば、１６００円前後の株価であっても、投資先として十分魅力的になりうることがわかります。直近では業績が低迷しており、通常のバリュー株投資の指標では割高とされていても、優待利回りで見れば十分買える、と判断できるのです（原稿執筆後、同社株は親会社によるＴＯＢ（株式公開買付け）が発表されて上場廃止となりました。しかし、その際の公開買付価格は２０００円で、株主のほとんどが報われることになりました）。

右肩下がりの業績の会社でも、優待価値が高ければ右肩上がりのチャートをつくる場合すらあることが、この事例ではよくわかります。そしてその優待価値は、多くはネットオークションでの平均落札価格から計算できる、というわけです。

優待利回りで「売りどき」もわかる

実質で3～5％がひとつの目安

実質価値に基づく優待利回りは、いくらでその株を売るかの判断に使うこともできます。

中小型株の場合、私の経験的には**実質優待利回りが3～5％に低下するまでは、株価が上昇する傾向があります**（優待以外の資産面や利益面での魅力の大小によって、多少の幅が出てきます）。

これがわかっていれば、売り急いで値上がり益を取り損ねることなく、天井に近いところで売って、より大きな値幅を取る助けになるでしょう（もちろん、「頭と尻尾はくれてやれ」の精神も忘れてはいけません）。

逆に、投資先の会社に一時的な業績悪化があったとしても、実質優待利回りが6％以上とか2桁以上あったりするのであれば、よほどの事情でもなければ一定以下には下がらないことも予想できるはずです。慌てて手放して、後悔することも少なくなるでしょう。

安易な利益確定売りを防ぐ「優待の楽しみ」

株価が当初の3倍や5倍といった心理的な節目を達成すると、その時点で売りたくなってしまうケースも多いようですが、それは、自分の買い値と、現在株価の比較を重視しすぎているせいではないでしょうか？

確かにある程度の時点で利益確定することも重要なことですが、買い値との比較ではなく、投資先企業の現時点での資産面、収益面、優待面の3つを考えたうえで、いま買うかどうかの判断を再度してみましょう。そうして「いまでも魅力的だ」と思えれば、買い値の何倍になっていようと保有し続ける判断ができます。

さらに優待株であれば、半年や1年ごとに優待品が送られてくる楽しみも、長期間売らずに保有する際の心理的な助けとなります。

このように**優待価値の視点を持つことで、より大きな利益を、逃さず確保できる可能性が高まる**のです。

私の優待バリュー株投資とテンバガー

それでは、第3章でも優待バリュー株投資に関する私自身の体験談をご紹介します。

三拍子揃った株は、平時にはそうそう見つかるものではない

本章ではここまで、優待面からの企業価値分析の重要性を強調するために、利益面や資産面での割安さはいまいちで、優待面での価値が突出している銘柄を紹介してきました。しかし当然ながら、優待面に加えて利益面や資産面での指標も割安であれば、そのほうがよいことは言うまでもありません。

ただ、そんな三拍子揃った魅力的な株は、通常そう簡単には見つかりません。

市場はどんどんそういう魅力を織り込んでいくので、株価が上昇し、すぐに割安さが薄れてしまうからです。

しかし、**市場全体が恐怖に包まれる暴落局面は例外**です。

通常の状況では、リスクが高い投資対象ほど利回りが高くなる、つまり株式で言えば割安な株価になる傾向がありますが、暴落局面では市場参加者の心を恐怖が支配し、どんな投資対象も「リスクが高そうに見える」ようになります。そのため、ほとんどの投資対象の利回りが高くなり、本来の価値から考えると割安な株がゴロゴロ存在する状況になります。

ライブドアショック以後も株式投資を続けていた私の前に、そんな暴落局面、しかも「100年に1度」とまで言われた大暴落局面がやってきました。

リーマンショックの到来です。

ライブドアショックを経て、新興市場は冬の時代がしばらく続きました。そのため、私の資産も横ばいのまま推移していたのですが、それでも優待を楽しみつつ、長期投資に値する成長企業を探す日々を続けていました。

そうした作業を続けていくうちに、お得な優待がもらえて、なおかつ大きな成長が見込めそうな割安株に投資するのが一番自分に合う投資スタイルではないかと考えるようになり、次第に「優待バリュー株投資」の考え方に向かっていきました（もちろん、最初から現在のようにはっきりとした理論を考えていたわけではなく、少しずつ模索や情報収集を繰り返しながら、ノウハウやアイデアを固めていきました)。

私が、このようにバリュー株投資と優待株投資をミックスさせた優待バリュー株投資の視点で企業分析を行うようになったのは、2008年からでしたが、まさにその年、世界の株式市場にリーマンショックの嵐が吹き荒れ、日経平均株価もどん底まで暴落していったのです。

100年に1度のチャンス

私の資産も、暴落でそれなりにダメージを受けたものの、当時は保有するすべての株が優待株になっていたことや、運よくキャッシュポジションを高めていたことで(つまり、事前に利益確定して現金の割合を高めていたことで)、致命的なダメージは受けずに総資産800万円程度で踏ん張っていました。

そして、大暴落と乱高下を繰り返す市場環境のなか、最低限の生活資金を残した全財産を、株式投資に投入する決断をします。

優待バリュー株投資の観点から見て、資産面、収益面、優待面のすべてにおいてお得すぎる「三拍子揃った株」が市場にいくらでも転がっていたために、「いま買わなければ、いつ買うんだ！」という心境になったのです。当時は株を買った経験がない友人にまで、「これは100年に1度のチャンスだから、いますぐ株を始めたほうがいいよ。むしろいま買えないなら、一生、株取引なんてしないほうがいい！」と熱心に勧めていたほどです。

そうして、市場が大荒れだった2008年9月から2009年3月ごろにかけて、とにかく手元に現金があればお得な株を買いまくっていました。

優待バリュー株投資に全力投球です。

初めての「10倍株（テンバガー）」

その当時買った株は、のちにほとんどすべての銘柄でそれなりの利益を確保できました。

そして、私にとっては初めての経験となる「10倍株」、いわゆる「テンバガー」も、当時購入した株のなかから登場してきたのです。

コシダカ

コシダカ（2157／現コシダカホールディングス）は、当時はまだ田舎のカラオケ屋さんに

図20　コシダカ（2157）の月足チャート

2007/06～2015/07

すぎない企業でした。

そのせいもあってか、２００８年10月14日の時点では次のように、資産面、収益面、優待面の３つすべてで、いま思い返してもありえないくらいお得な状況になっていました。

- **資産面　ＰＢＲ ０・６倍**
- **収益面　ＰＥＲ ３倍**
- **優待面　優待利回り　実質15％（ヤフオクでの売却価格で計算。額面で計算すれば30％超）**

たとえ単なる田舎のカラオケ屋さんであったとしても、これだけ割安ならば中長期的に株価３倍はいけるだろうと、リーマンショックの嵐のなかを買っていったのです。

実際に同社株はその後、お得な優待に関する認知度のアップが進むとともに、フィットネス事業を手がけるカーブスジャパンを買収したことによって業績が急上昇しました。

それにより株価も急上昇し、たった2年半後の2011年に、買い値からの10倍増を達成しました。私にとっての初の10倍株となったのです。

私自身はその時点で売却しましたが、同社はその後も好業績を続け、株価は上昇を続けました。仮に売却せずにずっと持っていれば、2015年前半には、当初の購入価格の30倍近くにまで到達していた計算になります。

私自身の売りどきの判断も、まだまだ改善の余地があるということですが、十分すぎる利益を残していってくれた思い出深い銘柄のひとつです。

優待拡充×業績向上で20倍達成

当時購入した銘柄からは、買い値の2倍や3倍を達成した株がかなりたくさん出ました。しかし10倍株となると、きちんと狙って投資した企業では、コシダカのほかにあともうひとつしかありません。健康コーポレーションです。しかも、同社株は2015年5月には、当初の買い値から20倍を達成してしまいました。人生初の20倍株であり、本書の執筆時点では金額ベースでも過去もっとも利益が出た銘柄となっています。

健康コーポレーション

同社の株価20倍達成も、背景には優待と本業での業績向上がありました。

しかし同社の場合は、企業の経営者自身が、本章で解説している優待バリュー株投資の考え方を完全に理解し、優待というツールを株価上昇や業績拡大に意識的に結びつけているという点で、かなり特異な事例と言えるでしょう。

私が健康コーポレーションに初めて投資したのは2012年の前半で、そのころは株価がまだ200円程度。2万円前後の投資で、2000円相当の自社製品が年2回もらえるという優待面でのお得さにまず惹かれました。

同社の優待品は、何種類かの自社製品のなかから好きなものを選べる形式なのですが、なか

図21　健康コーポレーション（2928）の月足チャート

2008/09 ～ 2015/07

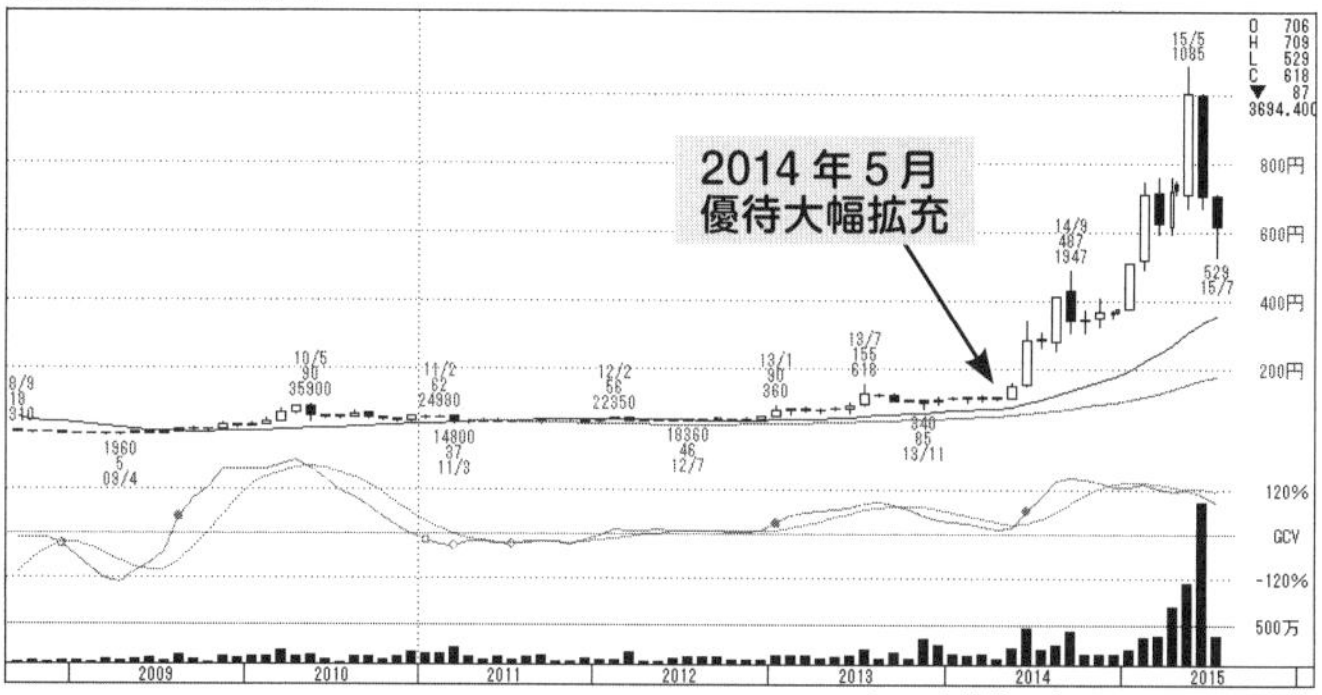

チャート提供：ゴールデン・チャート社

でも、「どろ豆乳石鹸　どろあわわ」という商品が一般にも人気が高く、当時ヤフオクで２０００円弱で落札されていました。

これを実質価値と考えて計算すると、優待の実質利回りが20％程度となり、優待価値が非常に高い企業となるために投資を決めたのです。

ただ、おそらくは札幌証券取引所というマイナー市場に上場していたことや、業績が当時はまだイマイチだったこと、お得な優待の認知度がまだ低かったことなどが理由となって、その後、株価は長く底ばいを続けました。

しかし、業績が少しずつ向上してきたのに合わせ、投資雑誌などで同社の優待が何度も紹介され、認知度が上がって株価は上昇基調に入ります。

そして、決定的なスタートとなったのが２０１４

年5月23日に発表された優待拡充です。従来は2000円×年2回だった優待を、一気に6000円×年2回に3倍増するリリースを発表したのです。

これを受けて、株価は暴騰を開始。**優待面から見た企業価値が一気に上がったことによって、株価も急上昇した**わけです（この点だけを見ても、優待バリュー株投資の考え方が相場の実態に即していることがよくわかります）。

健康コーポレーションの株価は、このようにまずは優待面から上がっていったのですが、株価上昇に少し遅れて、業績ものの凄い勢いで追いついていきます。新事業として設立されたパーソナルジムサービスの「ライザップ」が、信じられないほどの業績の伸びを見せ、同社の利益は倍々ゲームで増えていったのです。

株価も利益面での企業価値上昇を織り込み、優待面と利益面の相乗効果で、私にとってふたつめの10倍株、そして初めての20倍株となりました。

同社はその後も、優待制度の変更や株式分割によって株価を上昇させ、それをテコに積極的に他企業のM&Aを進めるなど、優待マニアさんや優待バリュー投資家さんといった個人投資家の行動パターンを先読みした施策を、次々に繰り出しています。

投資家であれば、いま、もっとも目が離せない会社のひとつでしょう。

比較的安全に「先回り投資」ができる

値上がりへ先回りする時間が十分ある

本章で紹介したコロワイドやコシダカ、あるいは健康コーポレーションの事例のように、優待バリュー株投資で大きな利幅を取っていくには、当り前ですが株価がまだ上昇する前に買いで入っていく必要があります。

何度も述べているように、通常のバリュー株投資では利益面や資産面で割安な企業を探し出し、株価が自然に本来の企業価値に近づいていく過程に先回りすることを狙います。この手法は優待バリュー株投資でも間違いではないのですが、最初のうちは、むしろ優待面で割安な企業を探すほうが、成功する確率は高くなるでしょう。

なぜなら、**お得な優待制度が新設されるなどしても、一般の投資家にそれが知れ渡るまでには、少し時間がかかることが多い**からです。

企業が優待の新設や制度変更などを発表すると、優待マニア系の投資ブログがすぐに取り上げます。しかし、これらのブログの読者数は個人投資家全体のなかではごくわずかですから、まだまだ広く認知されるわけではありません。

その後、投資雑誌などの大手メディアで何度か取り上げられることによって、次第に認知度が上がっていくのですが、それまでには最低でも数ヶ月、長いと数年かかることもよくあるのです（健康コーポレーションの事例のように、インパクトの大きい変更の場合には、短期間で広く認知されることもあります）。

優待価値を意識してしっかりと情報収集をしていれば、**優待面でお得な銘柄に、早い段階で気づくだけの時間が十分ある**わけです（そのための方法も、別途後述します）。

ローリスク・ハイリターンも夢じゃない

このように値上がりへ先回りすることを狙っていく投資では、投資期間がある程度長くなります。そのため、その間に暴落局面が訪れ、一時的な値下がりなどに見舞われるリスクは避けられません。

しかし優待バリュー株投資では、基本的に株主優待制度のある優待株に投資をします。そのため、このリスクに関しても優待株の「下がりにくい」特長がポジティブに働きます。

株価が下がると優待利回りが上がるため、それを目当てに購入する人が増えます。

また、すでに優待を目当てに保有している優待マニアさんたちは、よほどのことでもないと株を売りません。そのため、優待がない株よりも株価が下がりにくいのです。

さらに、右で述べたように優待についての知名度が上がっていくにつれて、その企業の資産面や収益面にも注目が集まります。結果、ＰＥＲ、ＰＢＲ等で割安な点があれば、株価に織り込まれて安値が修正されていくきっかけになることが多いのです。

第1章で紹介した優待株の「上がりやすい」性質も、こうしたプロセスの結果としてある程度は説明できるでしょう。

結果、**優待バリュー株投資ではローリスク・ミドルリターンの投資が可能**になります。

事例で紹介したように、投資先企業が期待以上の成長をしてくれた場合には、ローリスク・ハイリターンの投資すら、実現してしまうこともあるのです。

【第3章のポイント】

- バリュー株投資での収益面と資産面からの分析に加え、「優待面」からの分析を行うのが優待バリュー株投資
- とくに中小型の優待株では、優待面からの分析も行わないと株価の実態に沿わなくなってきている（逆に大型株では優待面のウェイトは落ちる）
- 優待の価値は、ネットオークションでの実質価値を参考にする
- 株価に占める優待面の割合が大きい中小型優待株では、実質優待利回りが3～5％になるまでは値上がりする傾向がある
- 市場全体の暴落局面こそが大チャンス
- 優待の新設や拡充の情報に敏感になっていれば、値上がりに先回りできる時間は十分ある
- 優待のない銘柄よりも上がりやすく、下がりにくいので、ローリスク・ミドルリターンの投資が可能（ときにはローリスク・ハイリターンの場合も）

第4章

「昇格株投資」の視点をプラスして、さらに上のステージへ！

優待バリュー株投資との相性が抜群

第3章で紹介した優待バリュー株投資は、**「東証1部への昇格に先回りする」という視点を加えると、さらに精度が高まります**。優待での株価の下支え効果と、昇格による安値修正などの効果によって、いわゆる「出口戦略」を明確に描けるようになるからです。

第4章となる本章では、いまや優待バリュー株投資での定番手法にもなりつつある、この昇格株へ先回りする手法や考え方について、詳しく解説していきたいと思います。

株価の値動きをある程度は予測できる!?

そもそも私がこの視点に気がついたのは、前章で詳述した優待バリュー株投資を実践するようになってしばらく経ってからのことでした。

優待バリュー株投資では、優待価値と事業価値、財産価値の3つの面から割安な銘柄を探します。結果、JASDAQや東証2部に上場している割安優待株を買うことが多くなりました。

参加する投資家が多い東証1部では、割安なまま放置されているような優待株は、それほど多く存在しません。そのため相対的に参加者が少なく、割安な株価が一時的に放置されることが多いJASDAQや東証2部などの銘柄に、自然と投資先が集中したのです。

投資経験を積むうちに、そうした銘柄のなかから東証1部への市場替え、つまりは「昇格」をしていく企業がいくつも誕生しました。そして**それらの昇格の際に、多くのケースで株価が大きく上がる**ことに気づいたのです。

なぜ、そうなるのか？　その背景について自分なりに詳しく調べていくうちに、こうした「昇格株」に先回りする視点を加えることで、優待バリュー株投資の勝率を大きく引き上げられる可能性があることに気づきました。

しかも、JASDAQや東証2部に上場している企業が、東証1部に昇格する際の仕組みを詳しく知れば知るほど、**そこには一定のパターンがある**ことを把握できました。つまり、将来の値動きの予測まで、ある程度は可能であることを発見したのです。

さまざまな試行錯誤を重ねた結果、現在では実際に多くの昇格候補企業に投資し、成果を挙げることができています。私自身、この投資法に気づいたことが、「億り人」にあと一歩という段階にまで到達できた大きな要因のひとつだと感じています。

一部のファンドマネジャーの行動がカギ

それでは、「なぜ、東証1部に昇格すると多くのケースで株価が上がるのか？」という疑問に、まず答えておきましょう。

答えは、「**東証1部に昇格すると、大量に株を買ってくれる投資家が必ず現れるから**」です。

世のなかには、東証1部のすべての株式に投資します、と事前に宣言をしている投資信託がいくつもあります。より正確には、東証1部の全上場銘柄の時価総額を指数化している、TOPIX（東証株価指数）という指数に連動するよう投資する、と宣言している投資信託です。

これらの投資信託は、「**TOPIX連動型インデックスファンド**」などと呼ばれ、個別株ではなく、市場全体の成長に投資するときなどに広く用いられます。

そうした投資信託の運用担当者（ファンドマネジャー）は、新しい企業が東証1部に昇格してくると、その企業がどんな会社か、また株価が割高か割安かなどには関係なく、一定期間内に、一定量の株式を必ず購入しなければならないと定められています。

そうしなければ、その投資信託はＴＯＰＩＸに連動しなくなってしまうからです。

ＴＯＰＩＸは、単純に東証１部の全上場銘柄の時価総額を合計し、指数化するものです。

そのため、指数に連動させるには、投資信託もすべての東証１部上場銘柄を、実際の市場での割合と同じように保有する必要があります。こうした仕組みがあるために、彼らは新たに昇格してきた株を必ず購入する、と断言できるのです。

この種の投資信託には規模の大きなものが多いので、東証１部への新規昇格株には大量の買いが入り、株価が上がりやすくなるわけです。


もちろん、投資ですから必ずそうなるわけではなく、昇格の実現で「イベント通過」となって、短期的には逆に値下がりするようなケースもあります。また、全体相場の影響も受けます。

しかし**大きな傾向としては、昇格後には株価が上がりやすい**、ということが言えるでしょう。

とくに中長期的に見れば、東証１部に新たに昇格した割安株は、その後、高い確率でジリジリと値が上がっていくことが多いものです。

正式な昇格発表のあとでは遅すぎる

昇格株に関するこうした知識があれば、当然ながら次のような仮説が立てられます。

つまり、東証1部への昇格後に必ず大量に買ってくれる人がいて、高い確率で株価が上がるのならば、昇格発表直後に先回りしてその株を買っておいたら、大きなリスクを取らずに利益が出るんじゃないか、という仮説です。

ところが**東証1部への昇格発表があったあとでは、同じように考える人がたくさん現れて、買い注文が殺到し株価が上がってしまうので手遅れ**です。昇格の正式発表が行われる前に「昇格しそうな企業」を見つけ出し、事前に買っておかなくてはなりません（図22）。

それをめざすのが「昇格株投資法」です。

優待バリュー株投資が長期保有のリスクを軽減！

とはいえ、先回りした分だけ長期間の投資をすることになりますから、その期間中に想定外の出来事が起こり、大きな値下がりが起こるリスクは増えます。

また、期待した昇格がなかなか行われないときなどには、株価が大きく値下がりすることもよくあります。

図22 ● 昇格したあとでは遅すぎる！

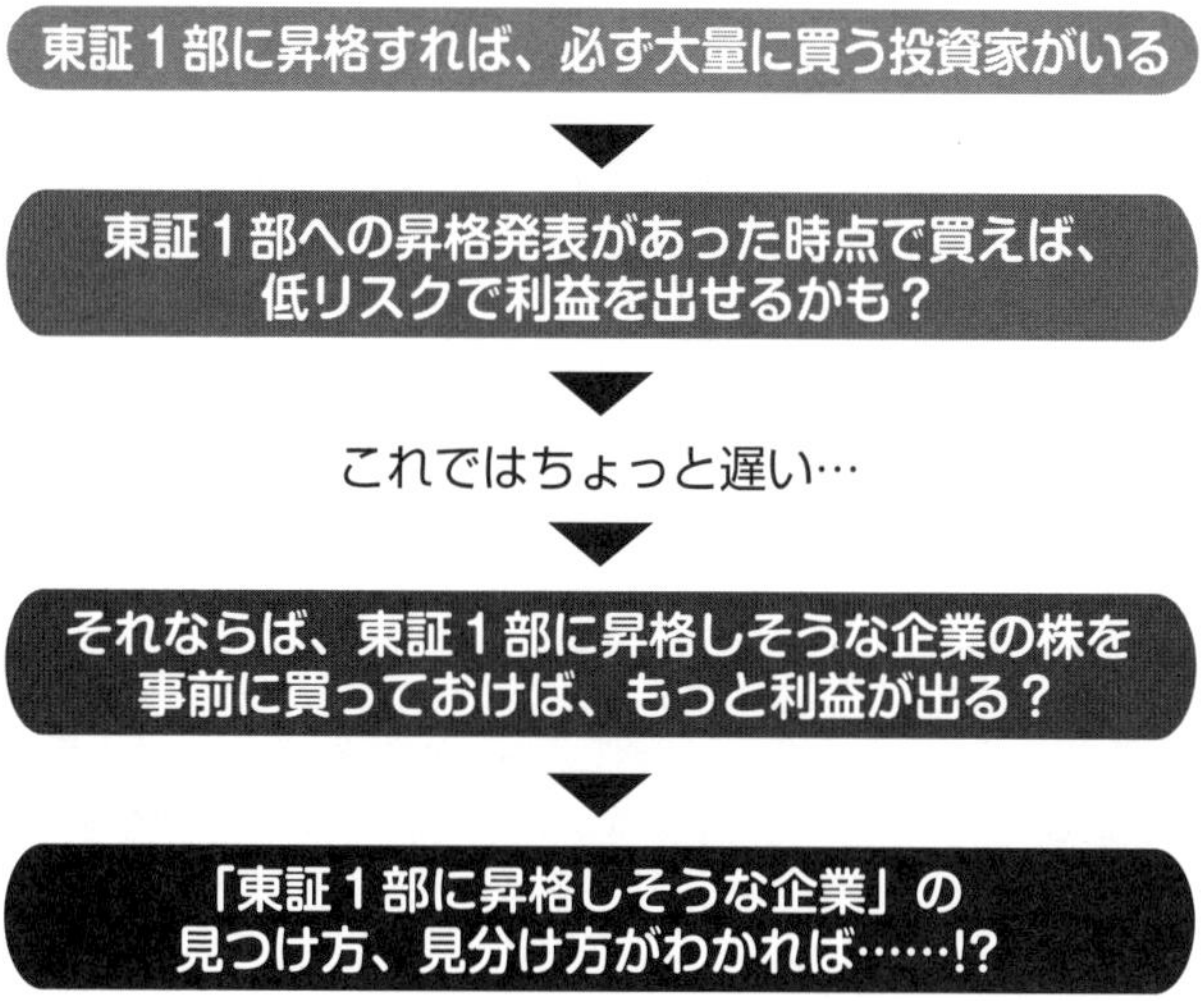
東証１部に昇格すれば、必ず大量に買う投資家がいる
東証１部への昇格発表があった時点で買えば、低リスクで利益を出せるかも？
これではちょっと遅い…
それならば、東証１部に昇格しそうな企業の株を事前に買っておけば、もっと利益が出る？
「東証１部に昇格しそうな企業」の見つけ方、見分け方がわかれば……!?

単純な昇格株投資では、こうしたリスクが無視できないほど大きなものになってしまいます。

そこで、**昇格株投資と優待バリュー株投資とを組み合わせます**。優待バリュー株投資に、昇格株投資の視点をプラスする、と表現してもいいでしょう。

そうすることで、長期投資によって増大してしまう値下がりリスクを、うまくカバーすることが可能になります。

たとえば、すでに何度も説明したように、優待株では株主優待が一定以下の値下がりを防ぐ働きをします。この特性があるため、優待株では優待品を受け取りながら、比較的安心して昇格を待つことが可能です。

また、優待だけではなくバリュー株かどうかの視点でも銘柄選びをしているため、事業価値や財産価値の面から見ても、もともと値下がり余地が少ない銘柄を選んでいます。

さらに言えば、東証1部への昇格を念頭に置いている企業では、新たに株主優待を始めるケースが多いため（その理由は、これから詳しく解説します）、ふだんから優待株への投資に慣れている「優待バリュー投資家」さんは、その情報をいち早く収集したり、新設された優待の価値を素早く見抜いたりしやすい、というメリットが期待できます。

総じて、**昇格株投資は優待バリュー株投資と組み合わせることで、より成功しやすくなる**のです。このふたつの投資法は、抜群の相性だと言えるでしょう。

「株主数」と株主優待の関係にまず注目

東証1部昇格のための条件を把握する

実際に昇格株に先回りするには、**企業がどんな条件を満たせば、東証1部への昇格を認められるのか**を把握することが大切です。

口絵2の表に、東証2部から1部へ昇格するための主な形式要件をまとめましたから、まずはこれを確認してください。東京証券取引所が、ウェブサイト上に公開している資料から引用したものです（「新規上場ガイドブック2014（市場第一部・第二部編）」）。

口絵の表に掲載している主な要件だけでも、かなり多岐に渡る条件を満たす必要があることがわかります。しかし、昇格株投資の最初の段階で注目すべきなのは、ズバリ、このうちの「**株主数2200人以上**」と「**時価総額40億円以上**」**というふたつの要件だけ**です。そのほかの要件については、おおむね条件を満たしている企業も多いので、余裕ができてから学んでも問題ないでしょう。

株主数を一気に増やせる企業側の施策とは?

このふたつの要件のうち、とくに**「株主数2200人以上」というのは、知名度のない中小企業にとっては結構きつい要件になっている**ところがポイントです。

個人投資家への説明会などで地道に宣伝したり、業績を必死に向上させたりしても、社名もあまり聞いたことがないような中小企業に自分のお金を投資してくれる人は、なかなかいないのが現実です。業績が抜群の新進企業であっても、株主を2200人も集めるというのは、なかなかに「高いハードル」なのです。

ところが、そんな難問を一気に解決してくれるものがあります。

株主優待です。

近年の株主優待人気の高まりによって、優待好きな「優待マニア」さんが多く生まれています。個人投資家である「優待マニア」さんは、お得な優待がもらえる投資先を常に探しています。企業側も、そうした個人投資家が多いことを、かなりの程度は把握しています。

そこで、将来的に東証1部に昇格したいと考えている企業では、株主優待を新設したり、すでに実施している優待制度を拡充したりすることによって、個人株主を一気に増やそうとするのです。

優待マニアさんは、優待の内容がお得であれば企業の知名度などはほとんど気にしませんから、**優待の新設や拡充で一気に株主数が増大します**。同時に株価も上昇して、時価総額の要件をクリアする助けにもなる、というわけです。

とくにここ数年は、このパターンがかなり多くなっているように感じます。優待の新設・拡充のほかにも株主数を増やす施策はあり、それらについても後述しますが、もっともインパクトが大きく数も多いのは、やはり優待の新設・拡充でしょう。

多くの個人投資家との認識ギャップにチャンスあり

株主優待を行うのは、企業側にとっては大きなコストのかかることでもあります。しかし、それによって個人株主の数を一気に増やせるという利点があることが、多くの企業があえて株主優待制度を設ける一因になっているわけです。

そこで、**企業側が打ってくるこうした施策を、「昇格に向けたサイン」として読み取り、他の**

投資家に先回りすることで「利益の機会」を見つけ出すことをめざします。これが、昇格株投資の本質です。

東証2部やJASDAQなどに上場している企業が、株主優待制度の新設や拡充等の発表を行ったとき、昇格株投資を意識している投資家なら「お得な株主優待制度を導入することで、東証1部への昇格要件、株主数2200人以上を達成しようとしているのかな？」と敏感に感じ取ります。

一方でどれだけの一般個人投資家が、そうした企業の施策が東証1部への昇格を目的としたものかもしれない、と感じ取ることができているでしょう？

さまざまな投資ブログや掲示板等を観察している限りでは、そうした認識を反映している記事や書き込みはまだごく一部であり、**投資家一般に広く知れ渡っているとはとても言えない現状があります**（少なくとも、本書執筆時点では）。

ここに、大きな投資チャンスが潜んでいると私は考えます。

ある企業が東証1部に昇格する目的で、お得な優待制度を新設したとしましょう。

このとき、株主優待にしか目が行っていない人では、優待の権利を取ったら、あとは少し株価が上がればすぐ売ってしまう、という行動を取ることがよくあります。

しかし、あと数ヶ月保有し続けていれば東証1部に昇格するかもしれない、と理解している人ならば、優待を楽しみながら昇格を静かに待ち、さらに大きな利益を手にすることも可能となるでしょう。

しばらくあと、予想どおりにその会社が東証1部への昇格を発表すれば、知名度の上昇やTOPIX連動型インデックスファンドの買いに対する期待から、株価が上昇するケースが多くなるのです。

さらには、その企業がバリュー株投資の視点から見ても割安だと思われる場合には、**昇格が割安修正のきっかけになり、株価が大幅に上昇することも少なくありません**。

お得な優待も、大きな値上がり益もダブルで獲得できて、投資家としては万々歳というわけです。

多様な「昇格サイン」と王道パターン

昇格へのサインは「優待の新設や拡充」だけではない

前項では、東証1部昇格に向けて企業側が行う準備策のひとつとして、株主優待の新設や拡充があることを説明しました。

株主優待の背後には、個人投資家にもっと株を持ってもらい、株主数を増やしたいという企業側の思惑があり、それによって東証1部昇格への要件を満たそうとするケースが少なくないこと。また同時に、優待価値向上による株価上昇によって、時価総額の要件も満たそうとしている、と判断できることを解説しました。

ところで、東証1部へ昇格しようとして企業が行う施策には、株主優待の新設や拡充のほかにもいくつか典型的なものがあります。

これらの「昇格サイン」についてもひととおり把握しておくと、昇格に向けた企業側の意図をより正確に見抜けるようになります。ここでひととおり説明しておきましょう。

昇格サイン その1　株式分割

株式の分割も、優待の新設や拡充と同じく株主数や時価総額を引き上げる方向に作用します。

そのため、東証1部への昇格をめざす企業がよく行う施策のひとつになっています。

たとえば、単元数が100株で最低投資金額が50万円の銘柄があったとしましょう。

この企業が発行済みの株式をすべて5分割し、単元数を据え置けば、5分の1の10万円前後から投資できるようになります。

最低でも50万円出さないと買えない株では買える人が限られますが、10万円から購入できるのであれば、多くの個人投資家が「買ってみようかな？」と思うようになる、ということは想像できますね？　つまり、株主になるための最低金額が分割によって下がるので、株主数を増やす効果があるということです。

さらには、分割によって株価は一時的に上昇することが多いため、時価総額を増やす効果も期待できるでしょう（なぜ分割が株価上昇につながる場合が多いかについては、説明をし出すと話が長くなります。興味のある方は、各自でそれぞれ調べてみてください）。

東証1部に昇格する際のふたつ重要要件、「株主数2200人以上」と「時価総額40億円以上」をクリアする助けとなる施策であり、有力な昇格サインとみなせるケースが多いのです。

また、すでになんらかの株主優待制度を設けている企業が株式分割を行う場合は、**分割を株主優待の拡充と組み合わせた「合わせ技」の形で、昇格サインを出してくる**こともよくあります。

たとえば現在の株価が5000円で、100株以上の株主に実質価値3000円の優待品を毎年贈呈する企業があったとしましょう。このとき、株主になって優待をもらう権利を得るには、最低50万円が必要です。

株価5000円×単元数100株＝最低投資金額50万円
実質優待価値3000円÷最低投資金額50万円×100＝優待利回り0・6％

これでは優待利回りも低く、いまいち魅力がありません。

それでは、この企業が株式の5分割を行い、なおかつ優待制度を変更しなかった場合にはどうなるでしょう?

前述のとおり、実際には分割によって株価が上昇するケースが多いのですが、ここでは単純に5分割によって株価も5分の1になると仮定してみます。すると、最低投資金額10万円から優待の権利を得られるようになります。

1000円×100株＝最低投資金額10万円
3000円÷10万円×100＝優待利回り3.0%

優待利回りが一気に上昇し、それなりに魅力的な優待株になりました。

このように優待利回りが急上昇すれば、株主優待を目当てとする「優待マニア」さんや、お得な優待株を探している「優待バリュー投資家」さんたちの買いが、一気に入ってきます。株主数と時価総額の増加に直結するわけです。

昇格サイン その2
立会外分売・株式売り出し

同じく、**立会外分売**や**株式売り出し**も、昇格への有力なサインとして考えられます。

これらの施策は、主にその会社の既存の大株主が、株価を大きく下げることなく大量の株を一度に売ろうとするときに使われるものです。

規模が小さいものが立会外分売で、規模が大きなものが株式の売り出しだと考えればいいでしょう。分売や売り出しをする大株主は、普通はその会社の社長さんや会長さんです。

通常の立ち会いの時間外に、あらかじめ決められた価格で、一定の株式を希望者に販売します。買い手は、市場株価から数%ディスカウントされた価格で、しかも手数料ゼロで購入できるため人気が高く、多くの場合で抽選になります。

こうした立会外分売や株式売り出しを行うことで、それまでは特定の大株主ひとりが持っていた株式が、個人投資家に広く行き渡ります。「ひとり当たり××株まで」と制限を設けることも多く、**株主数の増加を確実に見込むことができる施策**と言えるでしょう。そのため、昇格に向けた強いサインとして捉えられるのです。

ただし、放出する株数があまりに大量の場合（とくに売り出しの場合）には、一時的に需給が悪化し、その後しばらくは株価が下落する傾向がありますので要注意です。**短期的には忍耐も必要とされる、痛し痒しの昇格サインになる**ケースがあるのです。

昇格サインその3　経営者の昇格への意思表示

東証1部への昇格要件をすべて満たしたとしても、その会社自体に1部昇格への意思がなければ証券取引所の審査は行われず、昇格も起こりません。実際、上の市場に昇格するための要件はほぼ満たしており、その気になりさえすれば昇格することも可能なはずなのに、JASDAQなどの市場にあえて上場し続けている企業も存在します。

東証1部に昇格すると、上場維持費用も大きくなるため、あえて1部にまでは登ろうとしない会社もあるのでしょう。

ですから、**その会社が東証1部昇格をめざしていることを確認できる情報**があれば、それも昇格の可能性を補強するサインのひとつとなります。

中期経営計画などの正式な公表資料のなかで触れられることもよくありますし、株主総会での質疑応答や「会社四季報」内のコメント、投資雑誌等のインタビュー記事やアナリストレポート、ときには新入社員の募集記事などのなかでポロリと表に出てくることもあります。
過去の事例を見ると、東証1部への昇格の意思をかなり前から公表する企業もあれば、逆に最終的に昇格を認められるまで、昇格するのかしないのかまったく意思表明をしない企業もあります。その割合は**表明をしない企業のほうが7：3で多い**、といったところでしょうか。

ですから、そうした意思表明をしない企業では、会社側の施策の裏にある思惑を投資家が自ら読み取って、昇格の可能性を推測していく必要があります。

もちろん事前に意思表明をしてくれる企業のほうが、結局昇格しなかった、というリスクを少しでも避けられるという意味では、よりありがたいのは言うまでもありません。

1部昇格へ向けての典型的な流れを把握

東証1部への昇格をめざす企業は、こうしたさまざまな昇格サインを点灯させながら、「**王道パターン**」とでも言うべき一定の流れを辿っていくことが多いです。左の図23に、その流れをまとめてみました。

中堅どころの会社の場合、最初はＪＡＳＤＡＱに新規上場してくるのが一般的です。

図23　東証1部昇格までの王道パターン

JASDAQへの新規上場

▼

東証2部への昇格

▼

なんらかの昇格サイン点灯

（株主優待の新設·拡充、株式分割、立会外分売など、
株主数と時価総額の増加を主目的とする各種施策の実施）

▼

めでたく東証1部へ昇格！

そして、新規上場した企業のなかでも成長意欲のある会社は、数年程度のうちに東証2部へと昇格していきます。

多くはこの段階で、「株主数2200人以上」や「時価総額40億円以上」といった東証1部への昇格要件を満たすため、株主優待制度の導入や拡充、株式分割、立会外分売といった「昇格サイン」となる施策を打ってきます。

そして、昇格要件をすべて満たしてしばらくすると、東証1部への昇格承認のリリースが公表される、という流れです。

要件を満たしてから少し間が開くのは、その期間中に証券取引所の審査を受けたりしているからです。

これが、昇格株投資を行う際に必ず意識しておくべき「王道パターン」です。

最終的な東証1部昇格へ向けて、流れを追うごとにジリジリと株価が上がっていき、東証1部への昇格発表で一気に株価が上離れる、といった経過を辿るケースが一般的です。

最初に新規上場するのがJASDAQではない場合もありますが、その場合も東証2部への昇格や市場替え以後は基本的に同じ流れを辿ります（これ以外のケースもありますので、それらについては別途、後述します）。


では、投資家としてはこのうちのどの段階で投資をすればよいのでしょうか？

それはケース・バイ・ケースなので、確たる正解があるわけではありません。

たとえば、東証1部昇格という材料抜きでも「買える」割安企業なら、JASDAQ時代に買ってもいいでしょう。

あるいは、東証2部への昇格の時点で買うのもアリです。

優待面での価値を重視するのなら、いずれかの段階で株主優待制度が新設されたときに買う、というのも選択肢のひとつとなるでしょう。

いずれにしても、**昇格に先回りすればするほど投資期間が長くなり、なんらかの事情で東証**

１部までの昇格が実現しないリスクが増える、ということは理解しておいてください。

ですから、出口としての「東証１部昇格」を重視するのであれば、東証２部上場中になんらかの昇格サインが点灯したあとに買う。できれば、複数の昇格サインが点灯したあとに買っていく、というのがよいのではないかと個人的には思っています。

この時点での参入であっても、昇格株投資という視点を持たないその他大勢の投資家さんに比べれば、十分に先回りが実現できるでしょう。

実際の投資事例で基本を確認

ピタリと狙いがハマった銘柄たち

それでは、ここまでに説明してきた内容の確認として、私自身が優待バリュー株投資と昇格株投資を組み合わせて投資してきた実例を紹介します。

まず左の図24に、本書執筆時点となる2015年前半までの約2年間で、私がうまく東証1部昇格への先回りを実現できた銘柄をすべてまとめました。昇格前1年程度のあいだに点灯した「昇格サイン」についても記載しています。

優待株に絞って投資していますから、すべて株主優待実施企業です。ほとんどの銘柄で、それなりに大きな利益を確保しています。

2012年末~2013年前半は、いわゆる「アベノミクス相場」で市場全体が急上昇しました。そのため、ここではあえてその影響を排除するため、2013年後半以降のものだけを

図24　直近２年間で昇格株投資に成功した銘柄一覧

（2013年後半〜2015年前半）

東証1部昇格企業	昇格までの１年程度のあいだに点灯した「昇格サイン」
ダイヤモンドダイニング(3073)	分売 → 優待拡充 → 分割
ＩＢＪ(6071)	分割 → 優待拡充 → 分売
ミサワ (3169)	分割
アビスト (6087)	優待新設 → 分割
内外トランスライン (9384)	なし
三重交通グループ (3232)	優待拡充 → 分売
三谷産業 (8285)	優待拡充
たけびし (7510)	優待新設
デリカフーズ (3392)	優待新設 → 分売 → 優待拡充
日本商業開発 (3252)	優待新設 → 分売 → 分売 → 優待拡充&分割
サンセイランディック (3277)	優待新設
ピー・シー・エー (9629)	優待拡充（単元変更に伴う）
As-meエステール (7872)	分売 → 優待拡充 → 分売
ウチヤマホールディングス (6059)	分割 ＋ 公募増資
きちり (3082)	分売 → 分割 ＋ 優待拡充
イートアンド (2882)	分割 → 優待拡充
寿スピリッツ (2222)	分売
トーエル (3361)	分売
ＡＧＳ (3648)	優待新設 → 分割 ＋ 優待拡充
アジュバンコスメジャパン (4929)	優待新設 → 分割
チムニー (3178)	優待拡充

ピックアップしています。これによって、**日経平均やTOPIXがあまり上昇していないときでも、昇格株投資なら利益を出せる**ことがわかっていただけるでしょう。

いくつかの事例を詳しく解説しますので、どの時点で投資を決断すべきなのか、また個別事例によって王道パターンからどのように細部が変わっていくのか、参考にしてみてください。

AGS　優待新設＋分割

最初に、AGS（3648）の事例を紹介しましょう。同社は、情報セキュリティサービスなどを提供するIT系の会社です。

前述した王道パターンをなぞりながら、典型的な昇格サインを複数点灯させていった、最近の東証1部昇格株としてはもっともわかりやすい、先回りがしやすい銘柄でした。**昇格サインが点灯し始めてから、きれいに右肩上がりのチャートを描いている**ところにも注目してください（図25）。

「これは昇格サインかな？」と最初に感じた株主優待の新設時まで振り返って、そのときどきで私が実際に何を考え、どんなことを調べて投資判断をしていたかを詳しく解説していきます。

図25 AGS（3648）の週足チャート

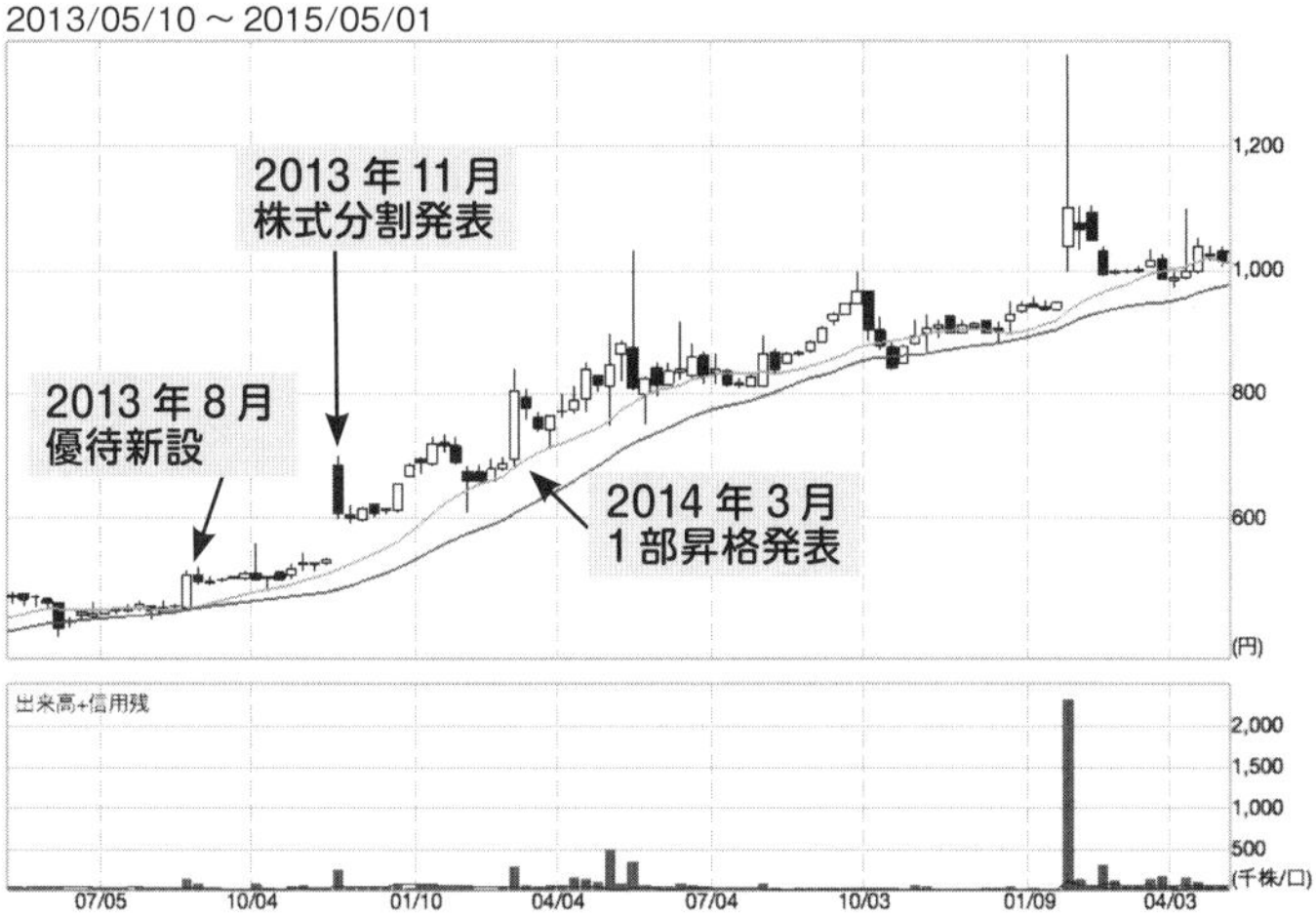

この事例は非常に典型的なものですから、今後も同じような事例が必ず出てくると思います。そのときには、ぜひ同社のケースを思い出してみてください。

▼2013年8月20日　優待新設

同日、東証2部のAGSが優待新設を発表した、という情報を見つけました。

優待内容は、毎年3月末時点での100株以上の株主に、1000円分のVJAギフトカードを贈呈するというもの。当時の最低投資金額は9万円前後でしたから、1000円÷9万円×100＝優待利回り約1・1％と、これだけではあまり魅力的ではありません。

しかし、すでに東証1部昇格へ先回りする投資法をメインにしていた私は、同社について詳しく調べてみることにしました。

東証2部の会社が株主優待を新設したとき、まずチェックすべきなのは直近の株主数です。

この情報は「会社四季報」などで簡単に調べられますので、確認すると2013年3月末時点で1618人でした。つまり、東証1部昇格要件である「2200人以上」をクリアするには、あと600人程度足りません。

この600人という数字は、会社側のちょっとした施策でクリアすることも十分可能な数字です。そのため、今回の株主優待制度の新設が、株主数を増やして東証1部に昇格する準備として行われた可能性が大きいと感じました。

そこで、それを裏づける情報がないかを同社のホームページで探してみると、ありました！長期経営計画の説明資料に、まさに「東証1部市場への指定替えをめざす」と書かれているではありませんか！

この段階で、今回の優待新設が近い将来の東証1部昇格を強く示唆するサインであることを確信します。合わせて時価総額も確認すると、こちらは約50億円ですでに要件をクリアしていました。

次に、もし同社が東証1部に昇格するとしたら、どの程度まで株価が伸びる可能性があるか、バリュー投資家の視点から推測をしてみました。

決算短信から資産面の価値を探っていくと、ＰＢＲは0・5倍以下。前述した「ＰＢＲの質」も高く、現金の固まりのような会社であることが判明しました。だとすれば、東証1部に昇格するころには最低でもＰＢＲ1倍くらいにはなるだろう、と考えられます。これは、株価は2倍になるということですから、「お宝銘柄」になる可能性が出てきました。

収益面では、ＰＥＲが12倍前後で「やや割安」程度でした。

ただ、長期経営計画の説明資料では今後5年で利益を2・5倍にする野心的な計画が謳《うた》われており、もしこの計画が実現できれば、収益面からも株価上昇を後押しすることになるだろうと考えられました。

これまでに説明してきた**優待面・資産面・収益面という優待バリュー株投資の3つの視点に、さらに昇格株投資の視点を組み合わせ、総合的に分析している**ところに注目してください。

優待新設の情報に接した時点で私が行った分析の内容を、次ページの図26にまとめましたので、そちらも参照してください。

図26 ● AGS（3648）、優待新設時に調査した事項の概要

2011/3 東証2部に上場

↓

2013/8/20 株主優待の新設

昇格サイン??
・株主数は1,618人で、2,200人以上をめざした優待新設とも推測可能
・時価総額は50億円程度で要件クリア

↓

2014/? 東証1部昇格?

【財産価値】　PBR 約0.5倍　現金が多く非常に魅力的
【事業価値】　PER 約12倍　「やや割安」程度
【優待価値】　優待利回り 約1.1%　とくに魅力はない

【その他】
長期経営計画のなかに、東証1部昇格をめざしている旨の記載あり

以上の分析から、AGSはとくに財産価値の面で突出した魅力があり、また間違いなく昇格をめざして動き始めている、というふたつの魅力が見つかりました。

また、ほかには大きな問題も見当たらなかったことから、翌日に一気に購入する判断を下しました。

ちなみに、当時そのことを私のブログに書いたところ、「高値づかみにご注意ください」という丁寧なコメントを入れてく

れる方がいました。

その時点で、すでに同社株は上場来高値をつけていたため、「いまから参入するには、株価が高すぎるのでは?」と感じる方がいたのでしょう。

「そう言いたくなる気持ちもわかるけど、株価を見ている視点が違うんだよなぁ……」と感じながら、「高いか安いかは、時間が証明してくれるでしょう」という旨の返信をしたことを覚えています(その後の株価はチャートのとおりですから、実際に時間が証明してくれたようです)。

確かに、私が購入したのはその時点での上場来高値付近でしたが、東証1部に昇格する未来を考えれば、「いまの株価は、むしろ激安じゃないかな〜」と考えていたのです。

▼2013年11月15日　株式分割＋優待維持(実質拡充)

優待新設の3ヵ月後となる11月15日、AGSは株式の2分割を発表しました。同時に、優待の権利を獲得できる最低株数は維持することも表明しましたから、**実質的な優待拡充との合わせ技**です。

これらは、前述したようにどちらも株主数の増加に寄与する施策です。東証1部昇格へ向けたダメ押しの昇格サインだと感じました。

この発表によって優待利回りが倍増したため、株価も大きく上昇しました。しかし、私はまだまだ安いと感じていましたし、ますますハッキリと東証1部昇格という未来が見えるようになってきたので、当然、保有を続けます。

▼2014年3月3日　東証1部昇格発表

翌年の3月、同社は当初からの目論見どおりに東証1部昇格の発表を行いました。昇格をきっかけに、株価もさらに上昇します。

最初の優待新設の時点で、ここまでの流れをおおむね読んでいたからこその勝利です。何回かに分けて売却し、**半年で株価約2倍**という成果を挙げることができました。

優待価値以上に株価が上がるのはなぜ？

昇格株投資の最初の事例ですから、ここは少し丁寧に見ておきましょう。

2013年8月、優待新設の発表時のチャートを再度よく確認すると、週足のローソクわずか1本で、株価が100円近くも上がっていることが見て取れます。

そのためか、「1000円のギフトカードの優待をもらうために、100円（100株で1万円）

図27 株価が適正な水準に近づいていくときのイメージ

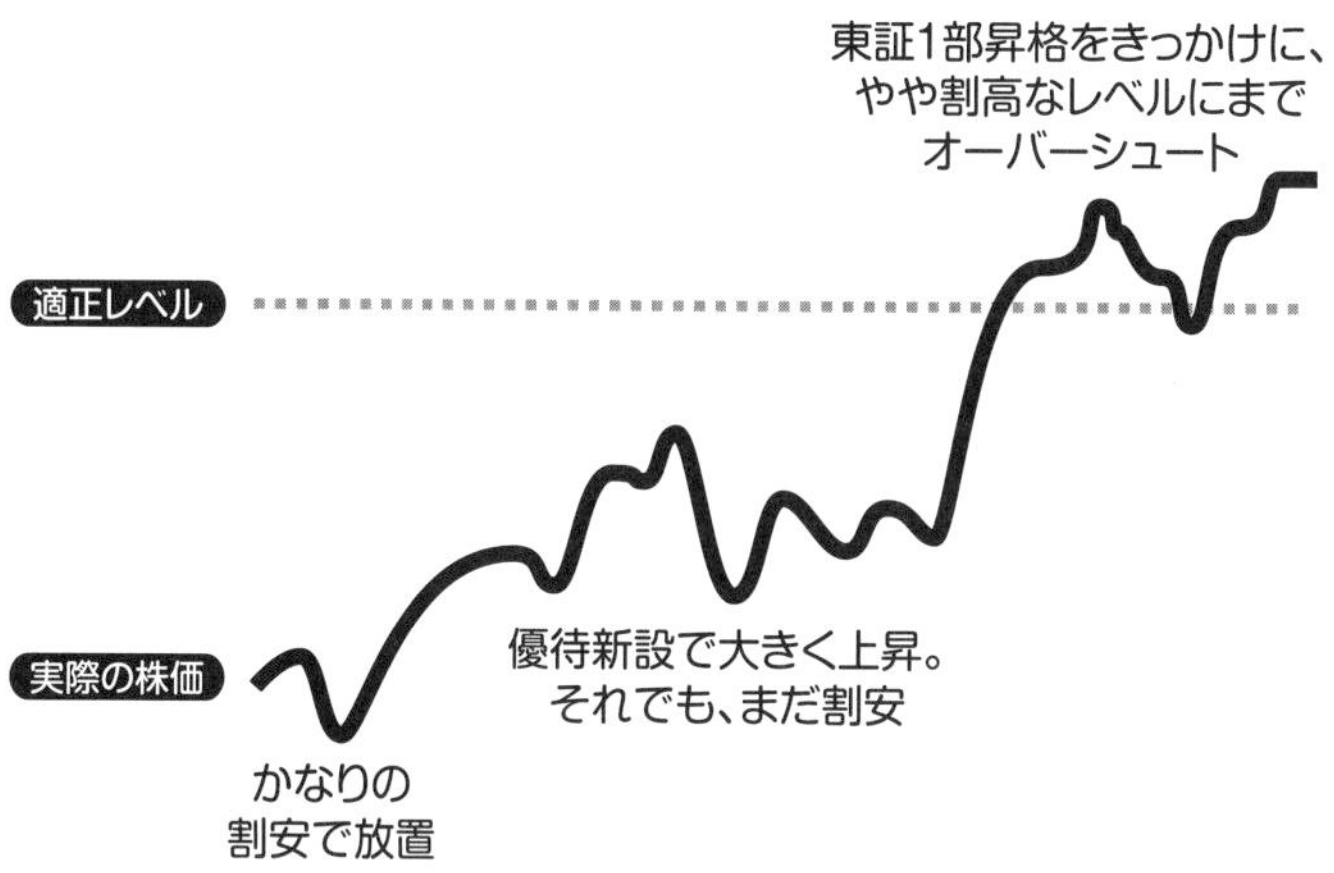

も株価が上がるなんて意味がわからない!」といった趣旨の書き込みを、当時、いくつか見かけたものです。

しかし、東証1部への昇格まで見据えている人にとっては、100円上がってもまだまだ安いと見抜くことができたのです。

それは、それまで割安だった株価が、優待新設や東証1部昇格をきっかけとして、上のグラフのようなイメージで次第に適正レベルまで上がっていくことを予想できたからです。

もちろんそのためには、今回の優待新設が昇格に向けたサインであるかどうかを調べたり、1部に昇格した場合の適正株価がどの程度になるかを探ったりする必要があります。

適正株価についてては明確な答えがあるわけで

はありませんが、この事例では資産面の魅力が突出していたため、少なくとも資産面の指標であるＰＢＲで、一般的に適正水準とされる1倍まではいくだろう、というところから適正株価を推測しました。

その適正株価と比べると、上場来高値であった当時の株価でもまだまだ激安と思われたため、同社株を全力で買っていく判断ができたわけです。


優待バリュー株投資の視点では、資産面・収益面・優待面の３つの視点から株価を分析しますが、個人的には、このうちの資産面で魅力的な企業が一番「美味しそう」に感じます。

ですから、大きな問題はないのにＰＢＲが1倍未満で割安に放置されていた銘柄が、突然、昇格に向けたサインを点灯したＡＧＳのような事例は、私にとっては「大好物」と言っても過言ではない、典型的な成功パターンなのです。

デリカフーズ 立会外分売 ＋ 株式分割 ＋ 優待新設の「昇格サイン3点セット」

もうひとつ、デリカフーズ（３３９２）の事例も紹介しましょう。同社は外食・中食業界向

図28 デリカフーズ（3392）の週足チャート

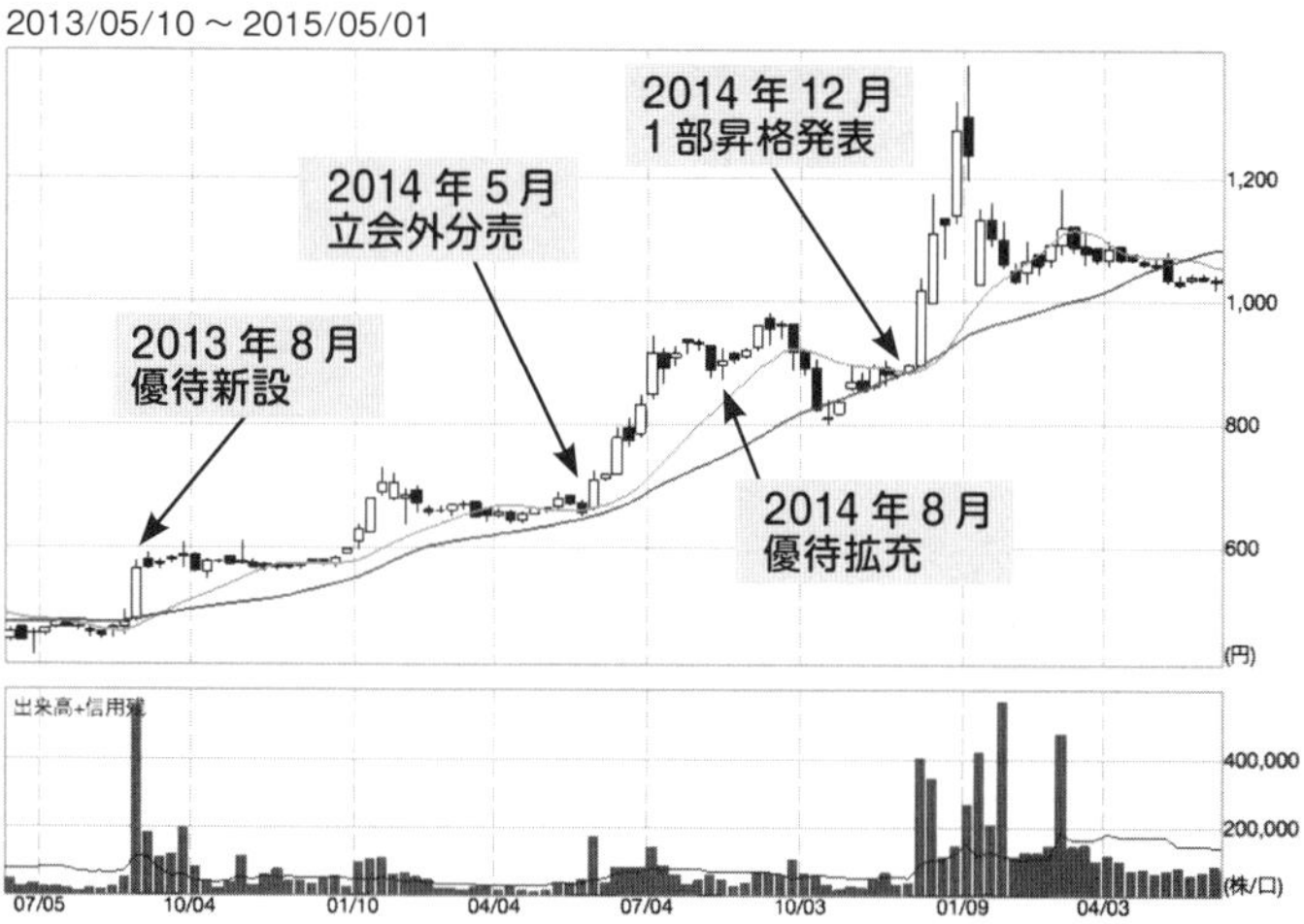

けにカット野菜等を卸す、「業務用の八百屋さん」です。

「八百屋さんのカブ（株）って……、駄洒落じゃあるまいし、あんまり儲かりそうにないんだけど……」と思いますか？

確かに、八百屋さんというのは華やかなイメージのある業種・業態ではありません。しかしだからこそ、そのようなイメージで過小評価する人が多く、そこにチャンスが眠っていたのだと思います。

実際には上のチャートのとおり、優待の新設時～東証1部昇格発表後1ヶ月までの約1年半の期間で、株価は高値で当初の約2・5倍にまで到達しました。同じ期間の日経平均株価はおよそ2割の上昇でしたから、圧倒的なパフォーマンスを発揮した銘柄です。八百屋さんは八百屋さんでも、ただの八百屋さんではなかったのです。

ＡＧＳと同じように、非常にわかりやすい昇格サインを出してくれた会社です。復習の意味で、この事例でも優待新設時に私が何を考えたのかを説明しましょう。

デリカフーズは、２０１３年8月26日の午後、ザラ場中に優待新設を発表しました。優待内容は自社商品の野菜セット１５００円相当です。

このニュースを受け、それまでは４８０円程度だった株価が、その日のうちに５３５円まで上昇しました。

その日の私はたまたま仕事を休んでおり、リアルタイムで優待新設のニュースを知ることができました。そのため、「会社四季報」、決算短信、アナリストレポート等を数十分で確認して、これはいけると納得したうえで大きく買いました（図29に、このときの分析内容をまとめました）。

そして、優待を楽しみながら昇格を待ち、２０１４年5月28日の立会外分売で近い将来の昇格を確信。晴れて昇格となった約1年半後に、買い値の2倍超で少しずつ売却しています。

同社の優待新設はザラ場中の14時に発表されたため、その日のうちに買うとすれば、１時間

図 29 デリカフーズ（3392）、優待新設時に調査した事項の概要

2005/12 東証 2 部に上場

↓

2012/11/20 立会外分売を発表

↓

2013/2/15 株式分割を発表

↓

2013/8/26 株主優待の新設

この時点で同社に注目。すでに、昇格サイン3点セットが実施済みであることを確認

・株主数はすでに2,200人以上で、まだ満たしていない昇格要件は「時価総額40億円以上」のみ

→東証1部昇格をめざしていると見て、まず間違いない！

↓

2014/? 東証 1 部昇格？

【財産価値】 PBR 約0.7倍　新工場建設のため、有利子負債がやや多い

【事業価値】 PER 10倍弱　直近の業績は好調

【優待価値】 優待利回り 約3%　野菜の優待は希少で、優待マニアの主婦投資家層に受けそう。今後、投資雑誌での紹介が見込める？

【その他】

アナリストレポートに、同社が東証1部昇格をめざしている旨の記載あり

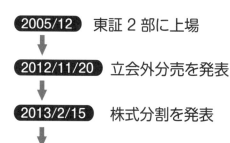

以内に分析を終わらせる必要がありました。時間との勝負です。実際には、30分以内に図29のようなことを頭のなかでまとめたのですが、その中身を少し詳しく見ていきましょう。

▼優待バリュー株投資からの視点

優待新設のニュースを受けて、株価はすぐに10％近く上昇していました。ですから、それでも買うべきなのか、「会社四季報」や決算短信から簡易分析をしました。

まずは資産面ですが、ＰＢＲは約０・７倍と、株価はまだ割安な範囲内にあると考えました。先ほども述べたように、おそらくは「業務用の八百屋さん」ということで、地味な企業だと思われているのだろうと想像しました。

決算短信をざっと眺めると、自己資本比率が30％台で有利子負債がやや多く、増資リスクがあるのが少し気になりました。

次に収益面。ＰＥＲはまだ10倍未満と魅力的な水準でした。新工場を建設したばかりで、今後も売上と利益を伸ばしていく意欲があるのがわかりました。

さらに優待面についても考えると、1500円相当の野菜の詰め合わせセットということで、1500円÷4万8000円（優待の新設発表時の株価480円×単元数100株）×100＝優待利回り約3・1％と計算できました。比較的魅力的な水準です（その日のうちに、優待利回りは2％台まで下がってしまいましたが）。

さらには、野菜がもらえる優待というのはほかにあまりなかったため、今後、各種の投資雑誌で主婦投資家にお勧めの優待などと特集され、徐々に知名度が上がっていく可能性が高いだろう、と想像しました。

以上から、優待バリュー株投資の観点からもそれなりに魅力的な水準であり、優待株としての人気が上がっていくにつれて、株価も上がる可能性が高いと判断しました。

昇格株投資からの視点

とはいえ、**優待だけが魅力的なら、権利を獲得できる最低単元だけ買えばいい**のです。

しかし、デリカフーズは東証2部銘柄だったので、もしかすると東証1部昇格をめざすための優待新設なのかもしれない、と考えました。

その裏づけとなる情報を探すのですが、このとき何よりも大事なのは、「この会社は、何を目的としてこの施策を打ってきたのだろう？」と考えることです。

早速、同社のホームページでIRニュースを時系列で追っていくと、直近1年以内に立会外分売と株式分割も実施していることがわかりました。これは、どちらも株主数や時価総額を増加させる施策です。しかし、「会社四季報」を調べると昨期末の段階で株主数はすでに2200人以上になっており、今回の優待新設は株主数確保のためではないようです。

「では、なんのために？」と考えながら、同じくホームページに掲載されていた同社についてのアナリストレポートを大急ぎで読むと……ビンゴ!!

同社がかねてから東証1部上場をめざしており、現在の条件では時価総額だけが足りていない状況にあると推測されること。また、株価的には641円が時価総額の要件をクリアするラインとなるだろう、という趣旨の記載があったのです。同社が東証1部昇格をめざしている明確な証拠が見つかりました。とすれば、今回の優待新設が1部昇格のための時価総額の要件、40億円以上をクリアするためのものであることは明々白々です。

さらに、もし今回の優待新設で株価641円を超えられない場合でも、これまで続けざまに昇格のための施策を打ってきていることから考えて、優待拡充などでさらに株価を上げる施策を取ってくるに違いない、と予測できました。

「**謎はすべて解けた!**」と、モニタの前でひとり叫んでいたことは言うまでもありません。

こうして、わずか30分で今回の優待新設に対する経営者の想い、「株価を641円以上にして、時価総額を上げ、東証1部に行きたい!」を汲み取った確信があったので、その30分のあいだにすでに500円台前半に上昇していた株価でも、まだまだ非常に魅力的な水準である、という結論が出せました。

あとはできるだけ安く買うだけですから、残り30分のあいだに買い注文を何回かに分けて出し続けたのです。

その後の1年半の値動きは、図28のチャートのとおりです。

2014年5月のダメ押しの立会外分売、さらに同8月の優待拡充を経て、2014年12月10日に、デリカフーズは晴れて東証1部昇格を発表しました。

昇格発表後、本書執筆時点に至るまでの3ヶ月ほどは、同社株は優待新設時の株価の2倍以上となる1000円台で推移しています。珍しい野菜の株主優待と配当をもらいながら、ひたすら昇格を待ち続けた1年半は、それほど長くは感じませんでした。たとえ持ち株がなかなか昇格してくれなくても、毎年優待が送られてくるのを楽しみに待っていられるのが、「優待マニア」さんの要素も持っている「優待バリュー投資家」のよいところです。

さて、同社の優待新設時を振り返ると、数日のうちに株価が100円程度も上がったために、「1500円の野菜をもらうために、100円（100株で1万円）も株価が上がるなんて意味がわからない！」という書き込みを、またしてもネットのあちこちで見かけました。

しかし、東証1部昇格まで見据えている人なら、100円上がってもまだまだ割安だということを見抜けるのです。それは、割安だった株価が、優待新設や東証1部昇格をきっかけに、適正なレベルまで次第に上がっていくだろうと予想ができるからです。

おや？　ＡＧＳのときとまったく一緒のことを述べていますね？

つまり、これは**再現性がある投資パターン**なのです。再現性があるので、今後も別の銘柄で、同じようなことが起こる可能性が高いのです。もしあなたがその場に居合わせることができたなら、どう行動すべきかは、もうわかってもらえたはずです。

繰り返しになりますが、優待面、資産面、収益面、昇格可能性のすべての視点から、複合的に分析することを忘れないでください。

昇格日まで「読める」ケースもある！

条件に当てはまれば、それなりに予測は可能

前項では、とくに優待新設という昇格サインをきっかけに、いずれその銘柄が東証1部に昇格することを予測して、先回り購入する「王道パターン」を確認しました。

ただしこのパターンでは、**実際にその企業が東証1部に昇格するまで、投資家はひたすら待っていなければならない**、という欠点があります。

東証1部への昇格発表があると多くのケースで株価が上がるわけですから、昇格発表の当日や前日に買うことができれば、もっと短期間のうちに成果が得られるでしょう。

そこで、昇格発表日を事前に予測する方法がないかを考えてみます。

実は、その方法はあります。しかもほんの数年前までは、事前に昇格発表日の予測ができる銘柄が、比較的たくさんありました。

2013年に東証と大証が統合する前は、大証のJASDAQから東証2部に昇格してきた企業は、東証1部に昇格する前に2部に1年間在籍することが、1部へ昇格するための要件になっていました。

そのため、経営者が1部昇格をめざすことを公言しているような成長意欲旺盛な会社では、最短での1部昇格可能日となる東証2部昇格日の1年後を基準として、1部昇格の発表日程を先読みすることができました。過去の事例から、**1部昇格の発表があるのは実際の昇格日のちょうど1週間前**と予測可能です。また、昇格と同時に公募売り出し等をする場合には、さらにその2週間くらい前の発表になる、と予測することが可能だったのです。

しかし、東証と大証が統合してJASDAQも東証扱いになったことで、「JASDAQと東証2部を合わせた在籍期間1年」という昇格要件に変更されてしまいました。この変更のため、昇格日を正確に予測できる銘柄は少なくなってしまったのです。

しかし、まだ昇格日を予測できる銘柄があります。

それは、**地方市場（名古屋、札幌、福岡の各証券取引所）から東証2部に移ってきた企業**や、**最初から東証2部にIPOしてきた企業**です。これらのケースについては、まだ過去の「1年ルール」

が生きているからです。

日本BS放送

具体的な事例で見ていきましょう。

日本BS放送（9414）は、2015年の3月5日に東証1部昇格発表を行い、3月12日に東証1部に指定された銘柄です。

同社は2014年の3月12日に東証2部にIPOしてきた会社ですから、まさに「1年ルール」の最短期間で1部まで昇格してきたわけです（日付に注目してください）。

東証2部上場後には、株式分割と優待の新設を行うなど、複数の昇格サインも点灯させていました（優待の内容はショップチャンネルの割引券で、かなり微妙でしたが……）。

この1年ルールを知っていた人のなかには、2015年の3月5日に昇格発表があることに賭けて、この日に向けて同社株を全力で買っていた人もいました。実際に私のブログの読者さんのなかには、日本BS放送に対して1000万円近くもの集中投資をしているという「猛者」もいらっしゃいました。その狙いが、見事に当たった事例というわけです。

図30 ● 日本BS放送（9414）の週足チャート

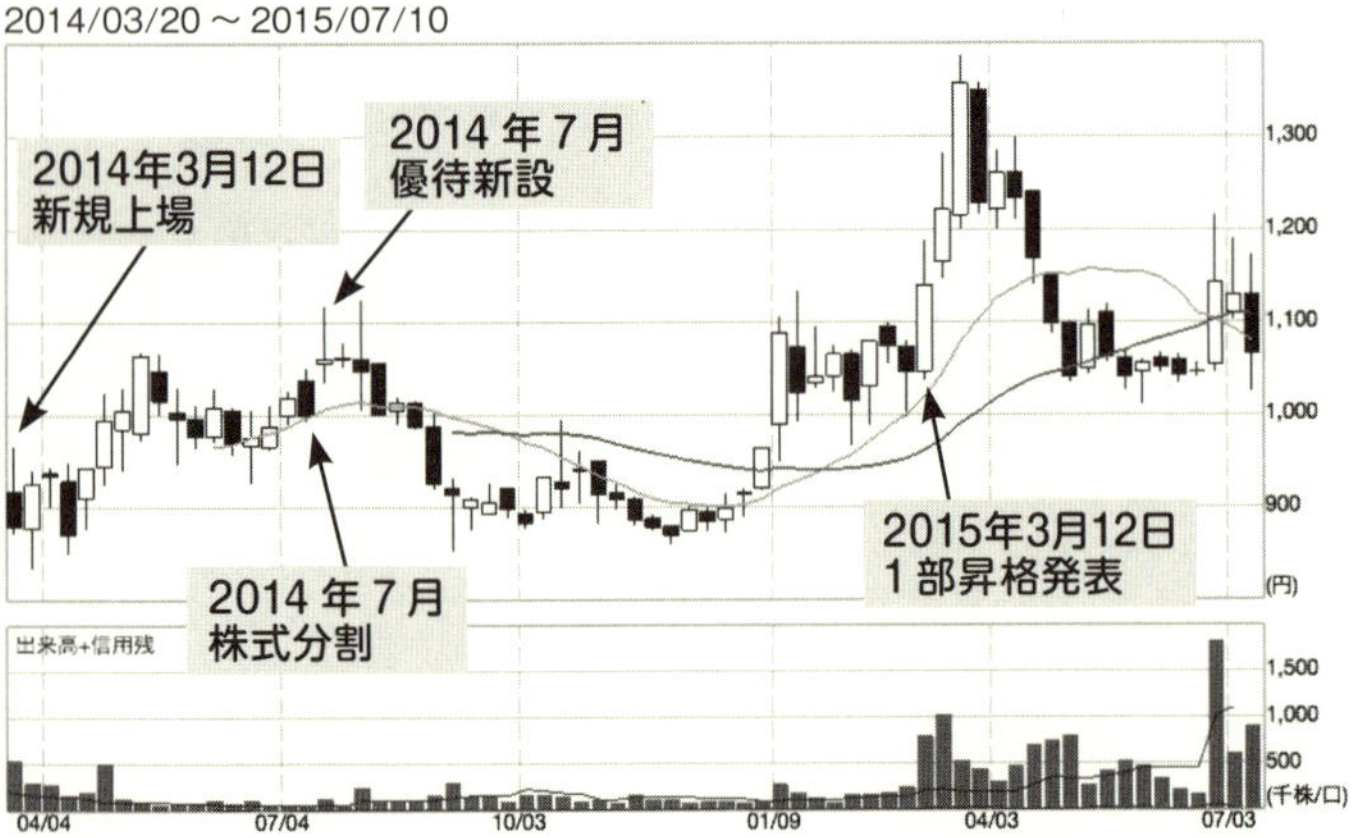

2014/3/12　東証2部にIPO
↓
2014/7/11　株式分割
↓
2014/7/22　優待新設　（内容は魅力が薄いが、昇格意欲は旺盛？）
↓
2015/3/ 5　本命日に東証1部昇格を発表し、株価上昇

とはいえ、最短での昇格日が事前にわかるといっても、決してよいことばかりではありません。**東証の審査や企業側の都合によっては、最短で昇格できないケースもある**からです。

アルビス

たとえば、2015年前半に1部昇格が予想されていた企業として、アルビス（7475）があります。

同社は2014年の2月3

図31　アルビス（7475）の週足チャート

2014/01/31 ～ 2015/07/10

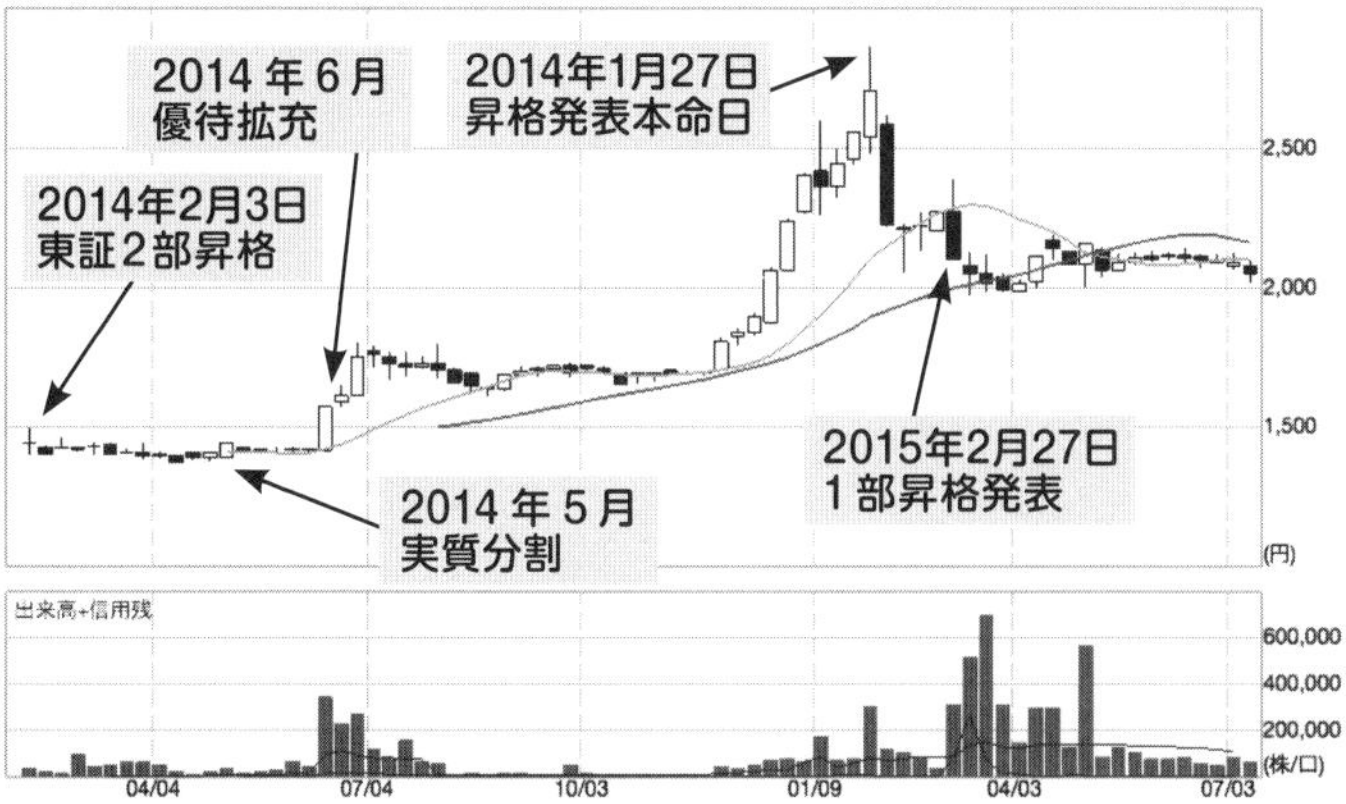

2014/2/3　東証2部に昇格
↓
2014/5/12　単元変更＋株式併合（実質株式2分割）
↓
2014/6/11　優待拡充（昇格意欲は旺盛？）
↓
2015/1/27　本命日だが昇格発表なし（失望売り発生）
↓
2015/2/27　東証1部昇格＋増資発表（高値回復できず）

日に名古屋証券取引所から東証2部に移行してきたため、過去の1年ルールが適用される対象となります。

つまりは最短での1部昇格日を、2015年2月3日と事前にピタリと予測できたのです。

昇格発表はその1週間前ですから、1月27日が本命日です。

しかし残念ながら、同日中の昇格発表はありませんでした。

アルビスの場合、この本命日に向けて買っていた人がとくに多かったようで、チャートに示されているようにこの日に向けて株価がぐんぐん上昇していました。それなのに昇格発表がなかったわけですから、短期投資の人たちが一斉に売りに転じました。夜間取引の段階から、すでに株価はマイナス3％程度で取引されていましたし、翌朝の市場でも下落しました。

株価はその後も数日は踏ん張っていたものの、1部昇格の発表がなかなか行われないことを嫌気して、ついには大きな下落を始めてしまったのです。

結局、アルビスが東証1部昇格を発表したのは、2月も終わりがけの27日になってから。しかも、比較的規模の大きな公募増資も同時に発表したため、株価は高値を回復できず、そのまま停滞することになってしまいました。

なお、増資は株価を下げる働きのある施策ですが、**なぜか昇格と同時に発表されることがよくあります**。昇格のプラス効果で、増資のマイナス効果を少しでも相殺する意図があるのかもしれません。

それはともかく、結局のところアルビスの場合には、昇格発表の本命日付近が一番株価が高かったことになります。逆に言えば、1部昇格の本命日に昇格しない場合に、失望売りで値崩れするリスクを避けたいのであれば、**本命日の数日前までにあえて売ってしまう**作戦も考えら

図 32　三谷産業（8285）の週足チャート

2014/02/14 ～ 2015/07/10

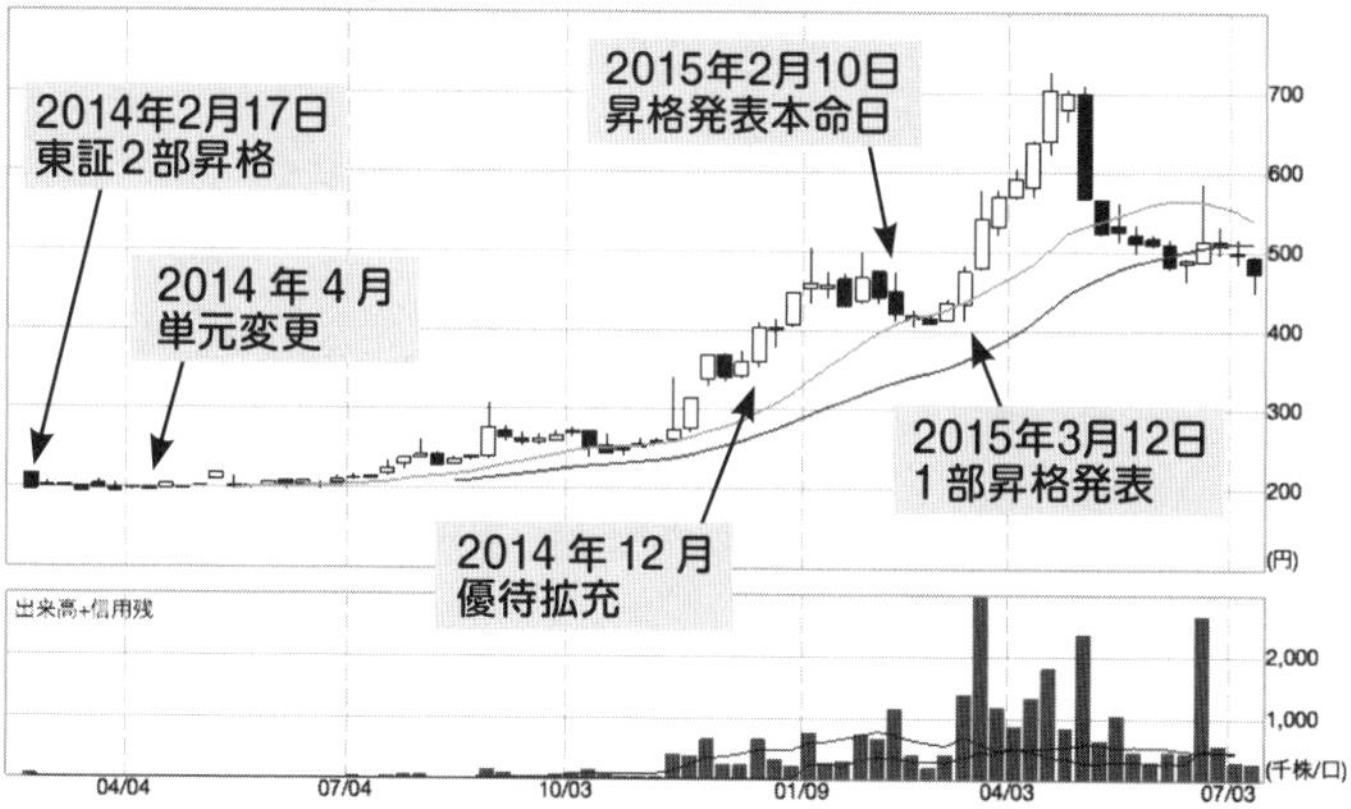

2014/2/17　東証２部に昇格
↓
2014/4/21　単元変更
↓
2014/12/15　優待拡充　（社長発言もあり、昇格意欲は旺盛）
↓
2015/2/10　本命日だが昇格発表なしで、株価暴落
↓
2015/3/12　東証１部昇格　（高値を回復しさらに上昇）

れることがわかるでしょう。

三谷産業

同じく、名古屋証券取引所から東証２部に昇格してきた三谷産業（８２８５）も、アルビスと似たような値動きを示した銘柄です。

こちらは、２０１４年２月17日に東証２部に昇格。社長が個人投資家向けの説明会で東証１部昇格への意欲を示すコメントをしたり、優待拡充を発表したりするなど、複数の昇格サインが点灯していました。それもあってか、東証1部への最短昇格日（2015年2月17日）の1週間前となる2月10日を昇格発表の本命日として、多くの投資家が買いで参入していたようです。

しかし、このときも本命日での昇格発表はナシ。

先回り買いをしていた人がかなり多かったようで、翌営業日の株価は10％近くの大幅下落となってしまいました。2月10日が昇格発表の本命日だと知らなかった株主さんにとっては、なぜ、突然こんなに株価が下落しているのか、まったく意味がわからなかったでしょう。

とはいえ、同社は本命日から1ヶ月ほどあとの3月12日に、無事に東証1部昇格を発表。増資などもなかったことから、本命日前後の高値を回復し、さらに大きく上昇してくれました。

以上の例でわかるように、**最短昇格日が事前に予測できる企業では、昇格発表の本命日に向かって株価が上昇する傾向があります**。本命日の前に売ってその上昇分だけを狙う作戦も取れますし、リスクを取って昇格を待つ作戦も取れるでしょう。

投資期間を短くしすぎるとギャンブル的な要素が強くなってしまいますが、数ヶ月前から昇格本命日を意識して取引を行うと、大きな利益を出せる可能性があるのではないでしょうか？

マザーズからの昇格銘柄は？

優待バリュー株投資には向かないケースが多い

すでにそれなりの投資経験がある方なら、ここまで読んできて「マザーズからの昇格の場合は、どうなるの？」という点が気になっているでしょう。ですからここで、マザーズからの昇格についても少し触れておきたいと思います。

マザーズから東証1部へ昇格する企業は、事例としては何件もあり、東証2部の昇格候補企業の場合と同じように昇格サイン等を考えることもできます。

ただ、マザーズから直接1部に行くような企業は、一般的には急成長中の企業が多いです。そのため**株価の変動が激しく、あまり優待バリュー株投資には適合しない**印象を持っています。

昇格株投資の視点からはよくても、バリュー株とは言えないケースが多いのです。

そのため、マザーズからの1部昇格に先回りしようとした経験は、個人的にはあまりありません。図24に記載した過去2年程度の期間では、唯一ミサワ（3169）だけが、1部昇格を狙い撃ちして成功した銘柄です（同社については別途後述します）。

マザーズの10年ルールは「追い出し部屋ルール」？

マザーズからの昇格に関しては、近年、マザーズ独自の制度として**「10年ルール」**というものが導入され、これも事情を複雑にしています。

もともとマザーズは、近い将来の1部市場へのステップアップを視野に入れた、急成長を遂げている新興企業向けの市場として開設されました。しかし開設から15年以上が経ち、当初の成長が息切れして、いつまでもマザーズに残留する企業が多く出てきてしまいました。

そこで、当初のコンセプトを明確化するため、マザーズ上場後10年を経過した企業に対して市場選択を迫る制度が導入されたのです。マザーズに10年残留した時点で、東証2部への昇格かマザーズ残留かの選択を迫り、残留した場合はその後も5年おきに市場選択をし続けなければなりません。「成績のパッとしない生徒を、強制的に別の学校に転校させる進学校」のような制度、と言ったらわかりやすいでしょうか？

あるいは、「なかなか成長しない社員を追い出し部屋に入れ、暗に転職を迫る会社」のような制度、と言ってもいいでしょう。

結果として、最近マザーズから東証2部に昇格をする企業が増加しています。しかし正直、これらのケースは「昇格」というより、「強制的な市場変更」なのではないかという印象を大いに持っています。

まだこの制度の趣旨が一般の投資家にはよく理解されていないこともあって、マザーズから東証2部への昇格を1部昇格へのステップだと勘違い(?)し、株価が上がるケースも見受けられます。しかし、**強制的に2部に「昇格」させられた企業が、その後も続けて1部昇格をめざしていくケースはそれほど多くないのではないか**と思っています。

そもそもマザーズに上場している成長意欲旺盛な企業であれば、本来の市場趣旨である1部市場への直接昇格をめざすはずです。それが無理なので東証2部に「追いやられた」株が、すぐに1部昇格を実現できるとはあまり思えません。

ただし、マザーズから東証2部に昇格したあと、優待の新設などの昇格へ向けた施策を複数打ち出してきた場合には、再度、1部昇格をめざし始めたサインとして捉えられるかもしれません。今後、そういった企業が出てくるのかどうかは、私も注目しています。

地方市場からの飛躍組を狙う手もある

数は少ないが当たれば大きい！

続いては、**東証2部ではなく地方市場に上場している段階で、将来の1部昇格を見越して先回りする**パターンです。

この投資パターンは、条件に当てはまる銘柄の数が少ないのですが、成功したときには大きなリターンを得られることが多いのが特長です。

実際、私自身が東証1部への昇格に先回りすることを意識した投資で、過去もっとも大きな利益を出した銘柄のひとつはこのパターンでした。

企業が東証1部に昇格してくるのは、業績に勢いがついている時期が多いです。まだ地方市場に上場している段階で狙うことで、その上昇の初期から買うことができ、うまくはまれば利益を大きく伸ばせる可能性があるのです。

日本商業開発　優待新設＋立会外分売＋株式分割＋優待拡充

具体的には、2014年の日本商業開発（3252）が、私が当時としては過去最大の利益を得た銘柄です。そのときの経緯を紹介しましょう。

同社は、「JINUSHI《地主》ビジネス」と呼ばれる不動産投資事業をメインに行っている会社です。2013年の11月21日に優待新設を発表したことで、初めて知りました。

その優待新設発表の段階で私が考えていたのは、次ページの図33にまとめた程度の内容です。この段階では、昇格の可能性については「ひょっとして、この会社は東証に行きたいと考えていて、その条件を整えるために優待新設したのかな？」と、ぼんやり考えている程度でした。

とはいえ、優待内容が魅力的で優待利回りが高く、突出した優待価値がある銘柄であることはひと目でわかりました。直近の収益面や資産面から見るとそれほど割安ではなかったのですが、優待面の大きな魅力に惹かれてすぐに購入しました。翌月12月には立会外分売もあり、ここでも追加購入しています。

その後、2014年に入って同社は業績の上方修正と増配を発表。2月27日には再度の立会

図 33 ● 日本商業開発（3252）、優待新設時に調査した事項の概要

2013/4/23　名証2部に上場

↓

2013/5/20　株式分割を発表

↓

2013/9/26　立会外分売を発表

↓

2013/11/21　株主優待の新設

この時点で同社に注目。すでに、昇格サイン3点セットが実施済みとも考えられる

・株主数はいまだ400人程度

→いきなり東証1部昇格は無理?

↓

2014/?　東証2部か1部へ?

【財産価値】　PBR 約3倍　不動産業のため、有利子負債が多い

【事業価値】　PER 約15倍　直近の業績は好調

【優待価値】　優待利回り 約5%　ジェフグルメカードはほぼ現金と同等。利回りも高く非常に魅力的

【その他】

東証へ行きたいのかどうかは、まだよくわからない

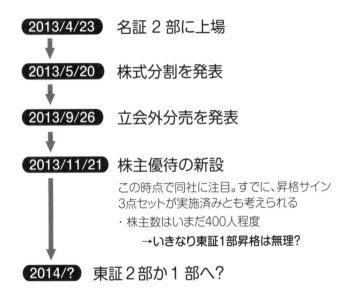

外分売を行いました。

この辺りで、優待新設をしたうえにここまで立て続けの立会外分売を行うからには、この会社は東証行きを強く希望しているのだろうな、と確信しました。

当時のブログの記述が詳しいので、少し引用してみます（本書の文体に合わせるため、細部を改変してあります）。

「日本商業開発がお得すぎる優待を発表したのは、名証セントレックス→名証２部→東証２部→東証１部という道を辿ろうとしているからだと推測されます。そのために、まずは分売で株主数と流動性を確保しようとしている、と読めます。

東証１部まで行くつもりであれば、流通株式数２万単位以上という壁があり、これは株式分割でしかクリアできないと思います。ですから、どこかで分割が期待できるかもしれません（東証２部への上場時に分割する？）。そこで優待拡充があれば、なおよいでしょう。

ただし、分割だけでなく、２部市場への上場時に増資が行われる可能性も高いと思っています。

また、「来期の純利益８億円を超過すること」で行使可能になるストックオプションを発行しているため、収益面での会社の必達目標はこの辺りなのでしょう。
これは1株当たり利益170円台に相当し、そう考えると、優待抜きでもいまの株価は別に高くないと言えます。
いろいろ思惑はありますが、よほど高騰しない限りは、ジェフグルメカードをもらいながら朗報を待つとします」

（2014年2月20日のブログ「21世紀投資」より一部改変　http://ameblo.jp/v-com2/）

このブログを書いた時点では、同社の業績は絶好調でした。それによって優待価値だけでなく事業価値の面でも魅力的になってきていましたし、名証2部というマイナー市場から東証1部まで本当に行けるのであれば、その途中や1部昇格後に、機関投資家による大きな買いが期待できるかもしれない、と考えていました。

さらには、東証1部に行くためにはいずれ株式分割をしなければならないことも、この時点ですでに予測していたことに注目してください。

口絵2の**主な昇格要件と同社の現状を比較することで、ハードルとなる要件と、その打開策として会社側が打ってくるであろう施策が予測できた**のです（株式分割や流通株式数については、次の項でも詳しく解説します)。

このとき、もし私が優待マニアさんの視点しか持っていなければ、「株価もだいぶ上がったし、そろそろ売ろうかな?」と思ってしまったかもしれません。しかし、その他の複数の視点からまだまだ魅力的だと感じていたために保有を続けられた、という点も、最終的に大きな利益幅を取れた勝因です。

その後の同社の動向をまとめると、次のようになります。

・2014年6月19日　再度の立会外分売を発表
↓
・2014年8月11日　上方修正＋増配＋株式分割＋優待拡充の「4連コンボ」発表
↓
・2014年12月15日　東証1部への昇格発表

6月19日に、名証2部への昇格後4度目となるさらなる立会外分売の実施を経て、8月には予想どおりに株式分割を発表しました。優待の拡充も行ったうえに、上方修正と増配まで加え

図34 ● 日本商業開発（3252）の週足チャート

2012/11/21 ～ 2015/07/09

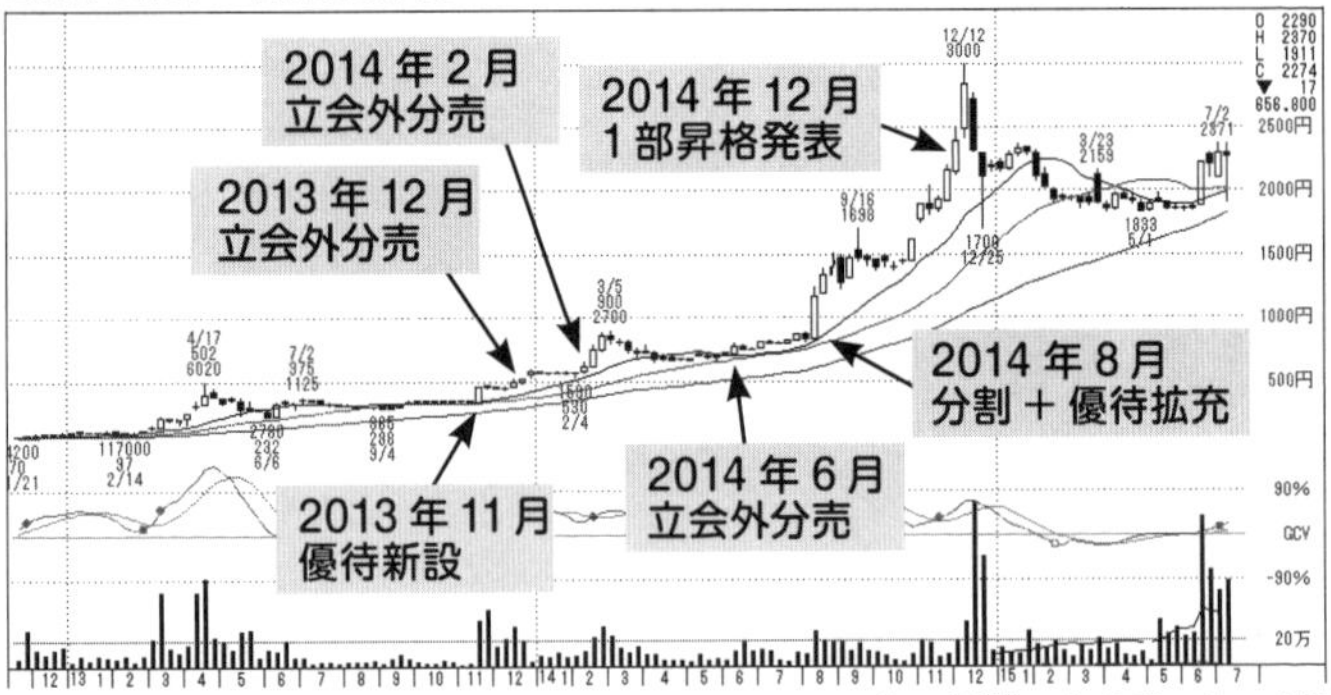

チャート提供：ゴールデン・チャート社

た「4連コンボ」発動で、株価は暴騰を開始したのです。

そしてついに、12月15日には東証1部への昇格発表を行い、株価はさらに一段高の暴騰を演じることになりました。

当初、私は同社は東証2部を経由してから1部へいくものだと考えていました。しかし、株価の暴騰によって東証1部への直接上場要件である時価総額250億円以上をクリアし、その他の要件も満たしていたために、東証1部に直接出世してしまったのです。

ちなみに、東証2部かマザーズを経由して東証1部に昇格する場合には、前述したとおり時価総額の要件は「40億円以上」ですが、**そのほかの市場から東証1部に直接上場する場合には、この要件は「250億円以上」に変わります**（マザーズからの場合も、場合によっては250億円以上が必要となるケースもあります）。

このため、通常はある程度大きな利益を計上している企業でないと、時価総額の要件を満たせず東証1部への直接上場は果たせない、ということになります。地方市場やJASDAQから東証1部へ直接上場することは、その企業が急成長を遂げている証でもあるのです。

買い値の7倍までがっちりホールドできた理由

結果として、日本商業開発は優待新設時に買った1単位13万円の株が、最高で90万円と約7倍にまでなりました。大事なので何度も繰り返しますが、この時点まで売らずに保有を続けられたのは、

- **優待面**（優待価値）**↓　優待利回りなど**
- **資産面**（財産価値）**↓　PBRなど**
- **収益面**（事業価値）**↓　PERなど**
- **昇格可能性　↓　昇格サインなど**

これらすべての視点から、私が同社株の魅力を探っていたおかげです。

「優待マニア」としての視点しか持っていなければ、株価がある程度上がり、優待利回りが下がった段階で売ってしまっていたことでしょう。

また「バリュー投資家」としての視点しか持っていなければ、東証1部昇格による暴騰の恩恵を受けられなかったことでしょう。

すべての視点から総合的に考えて、まだまだ魅力的だと判断していたため、がっちり最高値まで保有できたのです。

読者のみなさんも、こうした複合的な視点での分析方法を、ぜひ参考にしてください。

「流通株式数」から次の施策を予測する

株式分割が事前に読める!?

引き続き、東証１部への昇格要件についてより深く理解していきましょう。

ここまでは、もっとも重要な「株主数２２００人以上」と「時価総額40億円以上」というふたつの昇格要件について主に見てきました。ここでは応用編として、「流通株式」に関する昇格要件を詳しく把握していきます。

アビスト

この「流通株式」と昇格の関係についてよく理解できる好事例が、アビスト（６０８７）です。

２０１３年12月にＪＡＳＤＡＱへ上場後、わずか9ヶ月で東証２部に昇格してきた銘柄です。

同社が東証2部に昇格発表をした当日の2014年9月17日、私は自らのブログ「21世紀投資」で、同社が近いうちに株式の2分割を行うであろうことを「予言」しました（現在でも同日の記事をネット上で確認できますから、確認をしたい方は各自参照してみてください）。

結果を先に述べておくと、**アビストは11月12日に実際に株式2分割を発表し、私の「予言」は成就することとなります**。

このとき、どうして私が将来の株式分割を「読む」ことができたのか、今後、1部昇格の候補銘柄を発掘しようとするときにも役立つでしょうから、少々難しいのですが詳細を説明してみます。こうした予測が自分でもできるようになると、昇格株へ先回りする投資の精度を、さらに1段階引き上げられるでしょう。

アビストは、JASDAQ上場中の2014年3月に株主優待制度を新設したうえで、9月に東証2部に昇格してきました。新規上場後わずか9ヶ月というごく短期間のうちに、東証2部にまで登ってきています。

これは、よほど成長意欲がある企業でなければまず起きないことですから、当然、1部昇格も最短で狙っていくだろう、という想定ができました。

図35　アビスト（6087）の週足チャート

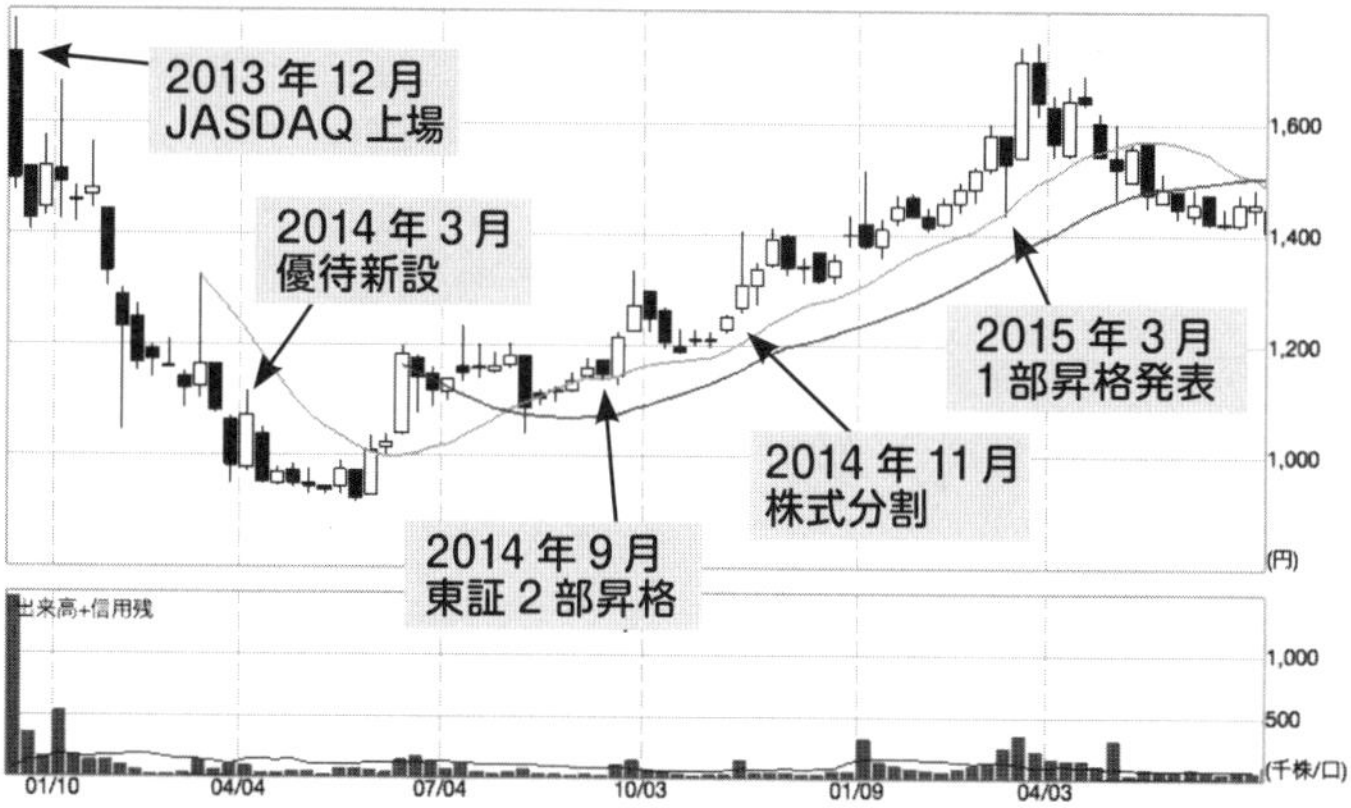

2013/12/18　JASDAQにIPO
↓
2014/03/12　優待新設
↓
2014/09/17　東証2部昇格を発表
↓
2014/11/12　株式分割　（強烈な昇格サイン！）
↓
2015/03/16　東証1部昇格を発表

そこで私は、同社が東証1部に昇格するための要件を満たしているかどうか、まずは各要件をひとつずつチェックしてみました（口絵2を再度参照のこと）。

結果、投資家にとってはもっとも重要となるふたつの昇格要件、株主数と時価総額に関しては、株主数2683人で昇格要件の2200人以上をクリア済み。時価総額も45億円強で、昇格要件の

40億円以上をすでにクリアしている、ということがわかりました。

となれば、次はその他の昇格要件をクリアしているのかを確認していきます。この際、**株主数と時価総額に次いで重要となるのが、「流通株式」の要件**です。

▼流通株式関連の計算方法をマスターする

そもそも「流通株式」とは、一般に「その会社が発行している株式のなかでも、市場で売買に供されている流動性が高い株式」のことを言います。市場に「流通」しているから流通株式なのですから、会社の経営者や役員が保持していたり、出資者となる大株主が保持していたりして、当面は市場に出てくる見込みがない株式は含まれません。

これは、どこまでを流通株式とみなすかによって、流通株式の数が変わってくることを意味します。ただ、東証1部への昇格要件に出てくる「流通株式」については、証券取引所が明確な計算方法を定めています。

少々難解な資料を読み解いて、その計算方法をできるだけ簡潔に表記すると、次のようになります（元資料に当たりたい方は、東証の「新規上場ガイドブック」で確認してみてください）。

流通株式数＝発行済株式数ー自己株式数ー役員とその親族等に関係する株式数ー10％以上の大株主の保有株式数

この数字を最低投資単元で割った単位数が「**2万単位以上**」であれば、まずは流通株式a.の要件をクリアです（しつこいようですが、再度口絵2を参照してください）。

ちなみに式中の「自己株式」とは、その会社自身やグループ会社などが、法人として所有している株式のことです。

この流通株式数の数字が出せれば、同じくb.とc.の要件については、それぞれ次の式に当てはめることで比較的簡単に条件を満たしているか確認できます。

b. 流通株式時価総額＝流通株式数×株価（20億円以上あるか？）

c. 流通株式比率＝流通株式数÷発行済株式数×100（35％以上あるか？）

なお、「会社四季報」などに記載されている「浮動株」や「特定株」等の数字は、この「流通株式」とは定義が異なるものなので、混同しないよう注意しましょう。

図36 ● アビスト（6087）、東証2部昇格時の各種直近情報

発行済株式数 1,990,000株

株主数 2,683人

株主の状況（2014年3月31日現在／上位10位）

株主名	所有株式数（株）	出資比率（%）
進 [redacted]博	300,000	15.07
ABIST社員持株会	132,000	6.63
日本空港サービス株式会社	127,800	6.42
池谷 [redacted]	80,000	4.02
NIFSMBC-V2006S3投資事業有限責任組合	77,000	3.86
日本証券金融株式会社	66,700	3.35
三菱UFJキャピタル2号投資事業有限責任組合	51,200	2.57
大宅 [redacted]文	50,000	2.51
進 [redacted]子	50,000	2.51
日本生命保険相互会社	50,000	2.51

それでは、同社に関して、具体的に流通株式に関する1部昇格要件を検討してみましょう（できるだけ、自分で電卓を叩いて計算してみてください）。

計算に必要な情報は、すべて「会社四季報」や各種の有価証券報告書、株主通信などの公開情報から拾ってくることが可能です。このケースでも、上の図36のような情報がすぐに集まりました（公開情報ではありますが、念

のために個人名は一部伏せ字にしてあります）。

ここから流通株式数を推定するためには、「株主の状況」などから次の3つに当てはまりそうな株数を推計して、それを発行済株式数から差し引けばいいわけです。

- **自己株式**
- **役員とその親族等に関連する保有株式**
- **10％以上の大株主の保有株式**

最初の自己株式に関しては、法人としてのアビストやその関連会社が持っている株はなさそうです。

ちなみに**社員持株会については迷いがちですが、この場合には自己株式には含めずに計算します**（ただし、出資比率が10％以上になっている場合は、通常の大株主と同じように非流通株式として計算します）。

役員関連については、役員本人のみならず親族やその関連会社の持ち株まで含むため、公開情報だけで正確に算定するのはもとより困難です。ただ、主だったところは公開情報からすぐにわかります。

たとえば、大株主10位以内にふたりが入っている進さんは、同社の社長さんと、おそらくはその奥さんでしょう。同じく8位の大宅さんも、同社の監査役に名前が見つかります。

役員の持ち株については有価証券報告書の「役員の状況」に、役員の親族についても上場時の有価証券届出書の「株主の状況」に記載があるので、そちらで確認をすればOKです。

個人で大株主に入っている方は、一般的にはその会社の役員や関係者である場合が多いです。ただ、このケースでは最後に残った4位株主の池谷さんという方の名前が、同社の役員リストのなかには見当たりませんでした。念のために検索サイトで検索をしてみると、実業家の方らしいことが判明したので、この方の持ち株は役員等の関連株ではないと判断しました。

一方で、上場時の有価証券届出書を詳しく見ると、大株主の上位10位内に入っていない人でも、役員の親族に当てはまりそうな人の持ち株が全部で18万株くらいあることがわかってきました。その後、一部の人は手放している可能性もありますが、これらに関してはとりあえずそのまま、計算に入れることにします。

最後の10％以上の大株主については、すでにピックアップしている社長の進さんだけであることは、図36からすぐにわかりますね。

ということで、流通株式数の算定上差し引く必要があるのは、上位10位内に名前の出てくる役員の持ち株40万株と、役員の親族の可能性がある方の持ち株18万株の合計で、推定58万株くらいなのかな、と推計できました。

以上から、昇格要件を検討します。まずは流通株式数を求めます。

流通株式数＝発行済株式１９９万株−約58万株＝約１４０万株

最低投資単元は１００株ですから、単位数は約1万４０００単位となり、１部昇格要件の「2万単位以上」には、まだ６０００単位ほど足りないことがわかりました。

次は流通株式比率です。

流通株式比率＝約１４０万株÷１９９万株×１００＝約70％

これは「35％以上」が1部昇格要件ですから、大きくクリアしています。

流通株式時価総額はどうでしょう？　検討当時の株価は2290円でした。


流通株式時価総額＝約1400万株×株価2290円＝約32億円

こちらも、1部昇格要件の「20億円以上」をすでにクリアしています。

つまり、同社が東証2部に昇格発表した2014年9月17日の時点で、すでに主な1部昇格要件のうち満たしていないのは流通株式数だけだったのです。


では、流通株式数を増やして1部昇格の要件をクリアするために、会社側が打てる施策としては何が考えられますか？

たとえば、立会外分売や売り出しで、既存の非流通株式から6000単位を追加で流通させる、というのがひとつの選択肢になるでしょう。

しかしこのケースでは、筆頭株主の社長さんですら3000単位（30万株）しか保有していないので、分売や売り出しはそもそも不可能だろうと推測できました。

同様に、公募増資で流通株式を増やすのも、現在の発行済株式数が199万株であることを考えると、6000単位（60万株）は規模が大きすぎて無理そうです。社長さんとしても、無用な希薄化は避けたいはずです。

となれば、**残る手段はひとつしかありません**。株式分割です。

株式の2分割をするだけで、流通株式数は140万株から280万株に倍増し、東証1部への昇格要件をクリアできます。希薄化の心配もありません。

ここまで「読む」ことができたので、2014年9月17日のブログで、同社が近い将来に株式分割をするであろうことを「予言」したのです。

こうしてタネ明かしをすれば、もしかしたら単純なことだと感じるかもしれません。しかし、こういったロジックを自分のものにできるか、あるいは、大ざっぱな数字でもいいので自分自身で会社側の事情を推測できるようになれるかどうかが、あなたの投資家としての未来を大きく左右することになるでしょう。

▼株式分割の実施時期は、こうして読む

さて、分割の可能性が高いのはわかりましたが、その時期はいつになるのでしょう？

実はこれも、過去の経験からある程度の予測が可能です。通常、**企業が分割の発表をするのは、決算発表と同時**というケースが非常に多いのです。

ですから、分割の発表は同社の決算発表日である11月12日ではないかと考え、ブログではその2日前にも、「明後日、アビストが株式2分割の発表をする可能性がある」という趣旨のコメントをしています。

そしてその想定どおりに、決算発表と同時に株式の2分割が発表されたのです。

そもそも会社側に1部昇格への強い意思がなければ、この時点で分割をする必要はそれほどなかったでしょう。ですから分割が1部昇格に向けた強烈なサインとなり、株価も急騰しました。先回りして買っておけば、短期でもそれなりの利益が出せたことでしょう。もちろん、優待を楽しみながら、中長期でじっくり昇格発表までの利幅を取っていく作戦も、安心して取れたわけです。

余談ですが、株式分割の発表後に、アビストのＩＲ窓口に直接、東証1部昇格についての質問をしてみました。

「今回の分割は、1部昇格要件を満たすためのものですか？」という質問には、直接的な回答はいただけませんでしたが、１部に昇格すると優秀な人材が集まりやすくなる、というメリットは魅力的に感じている、という趣旨の回答を得られました。

１部昇格への前向きな姿勢を示すこうした回答に、早期の昇格への確信を、さらに深めることができました。

そして、２０１５年の３月16日に、同社は晴れて東証１部昇格を発表したのです。

ミサワ　３分割が十分予想できた事例

同様の根拠で株式３分割が予想できた、ミサワ（３１６９）の事例でポイントを再確認してみましょう。

同社は東証マザーズに上場している企業でしたが、過去、何かの記事で社長さんがいずれは東証１部に昇格したい、というコメントをしていたこと、また優待利回りが非常に高いというふたつの利点があったために、以前から少しずつ購入していました。

実際に、当時のミサワの有価証券報告書に記載されていた情報で、主な１部昇格要件に合致するかを検討してみましょう（今回も、できれば自分自身で計算してみてください。そのほうが実力がつきます)。

まずは、株主数と時価総額の要件ですね。株価は2500円とし、有価証券報告書の次の情報から確認してください。

- **株主数：3391人**
- **発行済株式：208万5200株**

株主数はそのままですね。要件は2200人以上なので、すでにクリアしています。

時価総額は発行済株式×株価ですから、208万5200株×2500円=約52億円で、1部昇格要件の40億円以上をこちらもクリア済みです。

それでは、次に流通株式に関する要件を確認します。

流通株式比率を算定するための役員の株式数は、有価証券報告書第4の5【役員の状況】に次のように記載されていました。

役員の保有株式数：合計124万8300株

ここに役員の親族等の持ち株も加わるのですが、今回のケースでは正確にはわからなかったので、丸めて125万株と仮定します。自己株式や大株主の保有株はありませんでした。

最低投資単元は100株です。

すると、次のように計算できるでしょう。

流通株式数＝208万5200株－125万株＝83万5200株

83万5200株÷100株＝8352単位

↓　「2万単位以上」には1万1648単位不足

流通株式比率＝83万5200株÷208万5200株×100＝約40％

↓　役員関連株数が推定のため微妙だが、「35％以上」はなんとかクリアしている？

流通株式時価総額＝83万5200株×2500円＝約20・9億円

↓　これも微妙だが、「20億円以上」をギリギリでクリア

図37 ミサワ（3169）の週足チャート

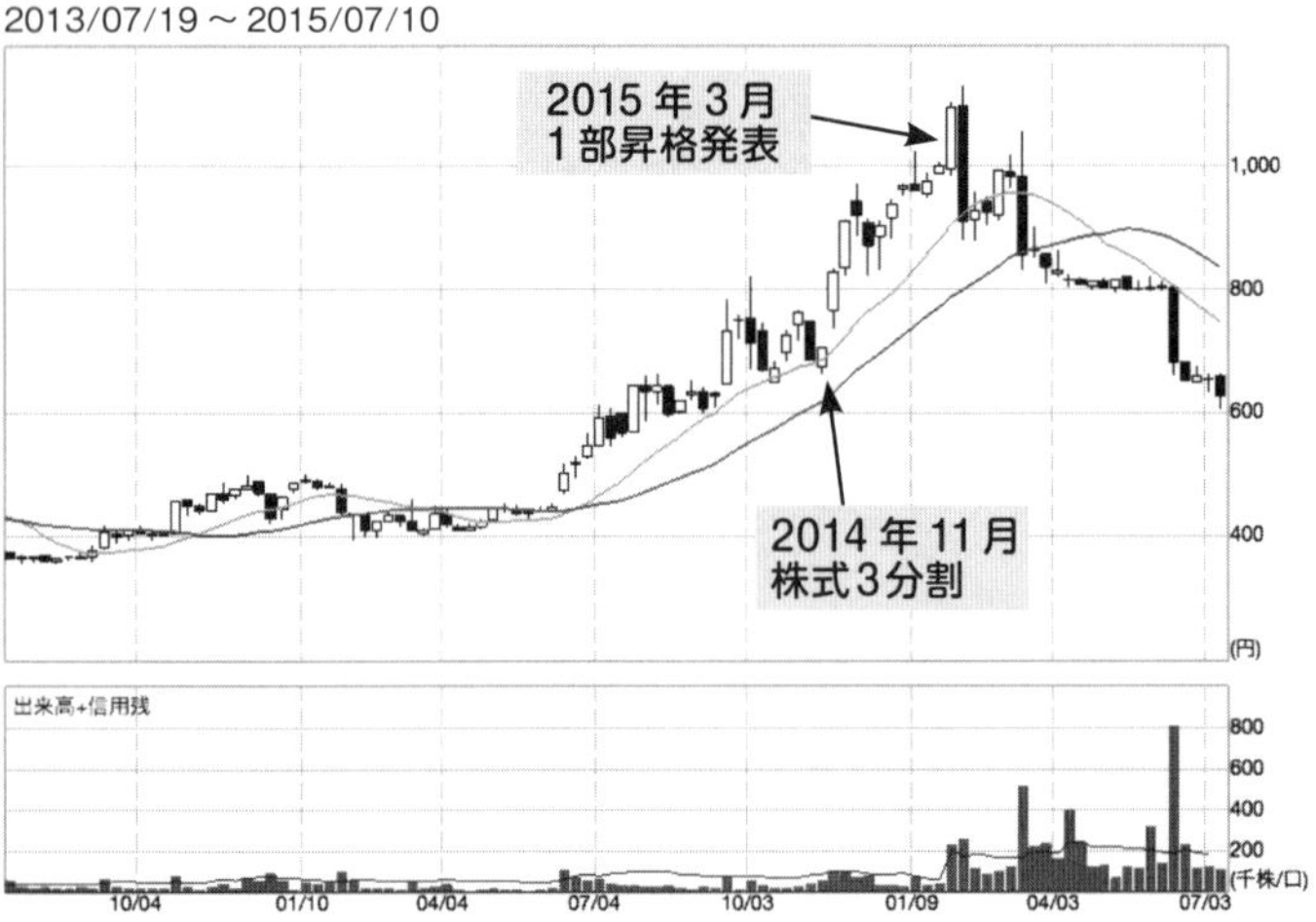

今回も、流通株式数だけが要件を満たしていないというわけです。

さて、このときあなたがミサワの経営者だとしましょう。

当期は業績もよくなってきたし、株価も上がり時価総額が一気に40億円を超えてきました。「さぁ、いよいよ念願の東証1部昇格のための準備を始めよう！」と考えるでしょう。

このとき、残った昇格要件である流通株式数2万単位をクリアするために、何をすればいいかわかりますか？

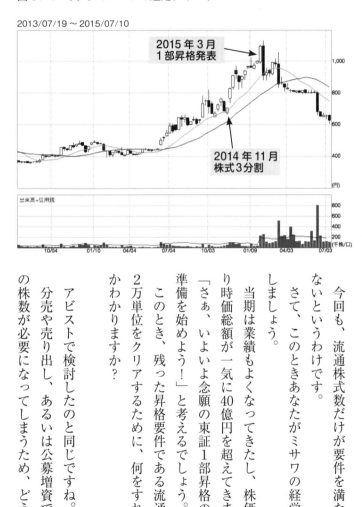

アビストで検討したのと同じですね。

分売や売り出し、あるいは公募増資では大量の株数が必要になってしまうため、どう見ても株式分割しか手はありません。

しかも、３分割をすればちょうど８３００単位×３＝２万４９００単位となり、１部昇格要件の「２万単位以上」を一度にクリアできそうではないですか……!?

私自身、このような事前の分析を行い、ミサワが１部昇格をめざすなら３分割を１回か、２分割を２回、いずれやってくるはずだと考えていました。

そして２０１４年の11月14日、実際に３分割が発表されました！

表面しか見ていない人にはただの分割に見えたでしょうが、上記のように昇格要件を事前にざっくり検討していた人にとっては、この３分割がとてつもなく強烈な昇格サインである、ということがすぐにわかったはずです。分割発表により株価は高騰しましたが、私は東証１部昇格を見据えて引き続き保有を続けました。

そして、２０１５年３月17日に、めでたくミサワの東証１部昇格が発表されました。

優待拡充がおまけでついてくることも

以上見てきたように、昇格要件を逆算することで、いずれ分割などの施策を打ってくるはずだ、ということが事前に予測できるケースがあります。

とくに**発行済株式数の少ない企業については、選択肢は株式分割しかない、と判断できるケースが多い**ため、この視点に注目して分析してみると面白いでしょう。

さらに「美味しい」ことに、優待株では分割後にも従来の優待制度が維持されることがあり、これによって優待利回りが高まって、優待価値の向上と株価の値上がりを同時に享受できる、というケースがあります。

これは狙って当てられるものではありませんが、その会社が分割後も優待を維持しそうかどうかも合わせて考えてみると、多少は可能性を高められると思います。

本書執筆時点の直近では、ダイヤモンドダイニング（３０７３）の分割を、ここで紹介したのと同様の根拠で当てました。みなさんも、ぜひ当時の数値を使って計算してみてください。

なお、当然ながらこの手法を使う場合には、株主数と時価総額、流通株式以外の昇格要件についても、きちんと確認しておくことが必須ですよ。

さらに上流、優待新設への先回りも可能？

東証2部へ直接IPOしてきた企業を狙う

昇格株投資をマスターしてくると、人より先回りして情報をつかんだり動いたりすることが利益に直結する、という相場の原則を改めて思い知らされます。

それならば、さまざまな昇格サインを出してきたあとの段階ではなく、**まだ株主優待制度を設けていない段階にまで先回りして、将来の優待株や1部昇格株を仕込むことができないか、**という「疑問」というか「課題」が、最近浮上してきました。

投資家ブロガーのなかでも優待株投資や優待バリュー株投資を熱心に研究している方々は、みなさん同じように考えるようで、最近、私自身も含めた一部の投資家ブロガーのあいだではこの「課題」が共有され、どんなノウハウがつくれるのか、切磋琢磨と試行錯誤がなされている、と感じています。

このように、この方法についてはまだノウハウが固まっていない段階です。ただ、個人的に手応えを感じ始めている部分もあるので、ここで少しだけ述べておきたいと思います。

さて、この手法では優待の新設前ですから、優待バリュー株投資の視点は使えません。基本的には、資産面と収益面から割安さを考える、バリュー株投資の視点から銘柄を選びます。ただ、このときに昇格株投資の視点を組み合わせ、**「東証2部に直接IPOしてきた銘柄」を選ぶと、勝率が高くなる**と感じています。

マザーズへIPOしてきた銘柄は、初値が高騰する傾向があります。そのため、上場後しばらくは乱高下が続き、高値づかみをしてしまう危険性が高い印象があります。

一方の東証2部IPO銘柄は、よく言えば「堅実」、悪く言うと「非常に地味」なため、公募価格割れの状況がしばらく続くことも珍しくありません。

そこで、これらのまだ人気化せずに放置されている東証2部IPO銘柄のなかから、割安で有望な企業を選んで購入し、将来の優待新設を先取りするとともに、1年後の東証1部昇格へ向けた先回り投資ができないかを実験しているのです。

株主数の要件を満たしていない会社が狙い目?

本書の原稿を執筆している2015年前半時点で、これらの条件に該当する狙い目の銘柄としては、大冷（2883）や竹本容器（4248）、綿半ホールディングス（3199）などが挙げられます。これらの企業は株主数と流通株式数の要件さえ満たしてくれれば、1部に昇格できるポテンシャルをすでに秘めています。ということは、**会社側に1部昇格の意思があれば、これから先、株主数の要件などをクリアするため優待制度の新設をしてくる可能性が高い**のです。

とくにこのうちの大冷などは、食品の製造会社ですから、自社商品を優待品とする制度を新設する可能性が高いでしょう。コスト面のハードルは低いはずです（本書発売直前の2015年7月21日、同社は実際に優待新設を発表しました！　また、綿半も8月12日に優待を新設しました）。

いずれの会社についても、今後、なんらかの昇格サインが出てこないか、注目しておいて損はありません。

ただし、先回りをすればするほど、1部昇格の恩恵を受けられるかどうかが不確実になる、というデメリットは当然存在します。ただ、これも逆に言うと、思惑どおりに1部昇格まで進めば、より大きなリターンを得られる可能性が高くなるということですから、自分なりに試行錯誤しながら、投資法を研究してみると面白いと思います。

どの段階で参入するかは、あなた次第！

本章のまとめとして、どの時点で買って東証1部昇格に先回りするのがよいのかを、再度考えておきましょう。

昇格株投資の王道パターンをもう一度、時系列でまとめておくと、図38のようになります。買いで参入できる選択肢は、A〜Dに示した4つのポイントのうちどれかです。

このうち、どの時点で買うべきなのかに関しては、私は次のふたつの視点から考えるとよいのではないか、と思っています。

推定した企業価値と株価との差（割安度）が大きいことを重視する視点

バリュー株投資の視点を重視するなら、より割安な時点で購入するのが正解となります。この場合、単純に比較すれば「A＞B＞C＞D」という順番になるケースが多いでしょう。

図38　東証１部昇格までの王道パターンと投資ポイント

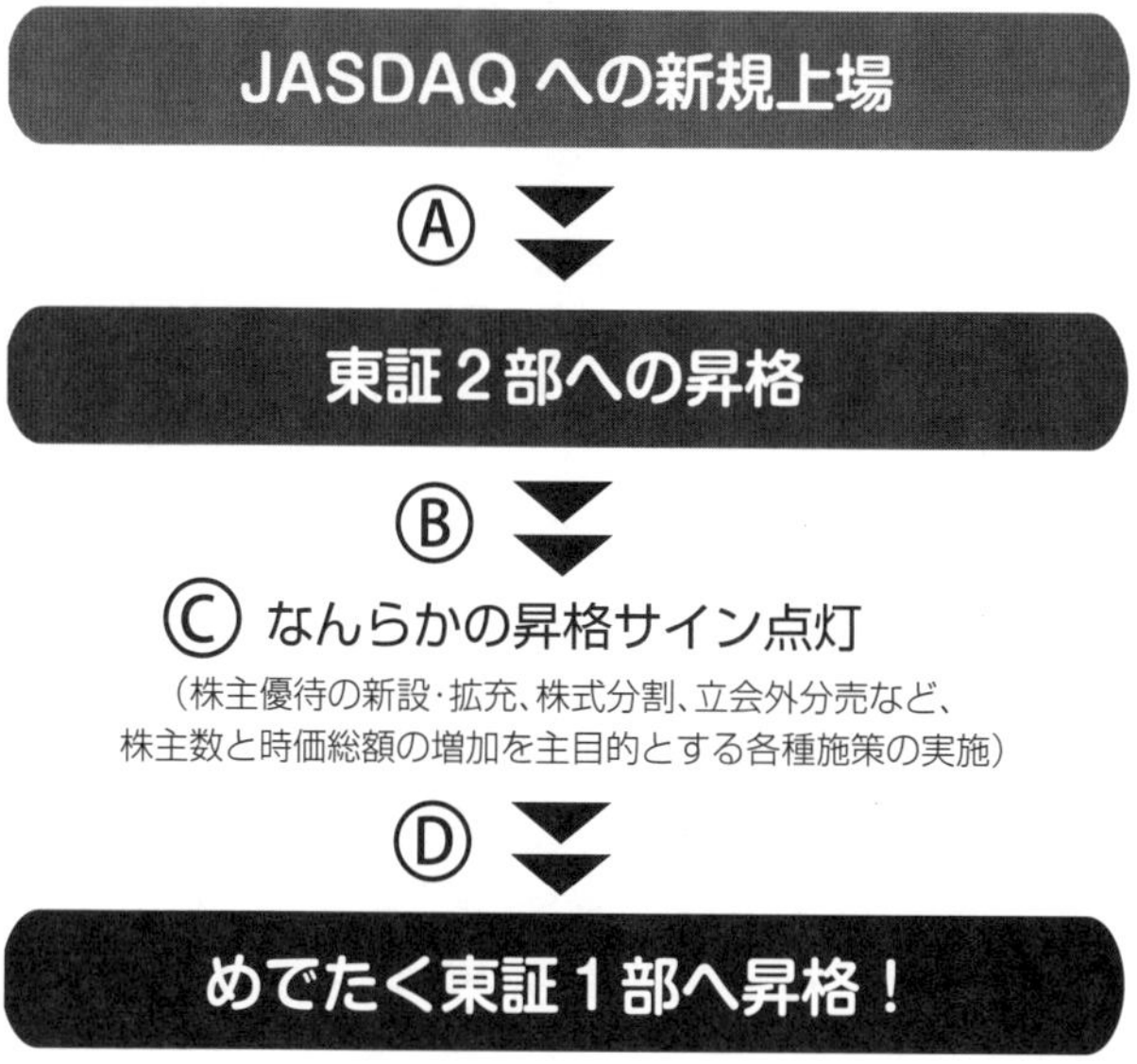

ただし、前述した日本商業開発のように会社が急成長している場合には、Ｄの段階でもまだまだ割安と言えるケースもあります。

昇格までの期間を重視する視点

推定している企業価値と株価との差が、縮まったり一致したりするまでの期間が短いことを重視する視点もあります。

要するに、１部昇格までの期間が近いと思われることを重視する視点です。

このケースでは、当然ながら投資すべき順番は「Ｄ＞Ｃ＞Ｂ＞Ａ」となります。

あなたが重視する視点はどれ？

この問題には明快な正解はないので、あなた自身が自分で考えて、どちらの視点をどの程度重視するのか決定しなければなりません。

すべてが必ずうまくいく、ということはありえないので、**どの段階での投資が自分に向いているのか、経験を重ねながら、少しずつ探っていくのが最良の方法**でしょう。

以下、いくつか参考にすべき情報を掲載しておきます。

▼Aの時点での投資が適合するケース

まだＪＡＳＤＡＱに在籍しているが、経営者が「将来は東証１部に行きたい」などとインタビュー等で語っているケース。あるいは昇格を抜きにしても、資産面・収益面・優待面のいずれかで割安に買えるケースなどが該当します。

↓メリット　：割安度を見抜ければ大きな利益が出る可能性が高いです。さらに昇格が重なれば、もっとも大きな利益を出せる可能性があります。

↓デメリット：株価が上昇して割安さがなくなるまでに長期間を要する場合があります。

▼Bの時点での投資が適合するケース

東証2部に昇格してきた直後、または東証2部にIPOしてきてから数ヶ月以内のケースが該当します。

↓メリット　：さほど注目されていないケースが多いので、安く買える場合が多いです。

↓デメリット：早期に1部昇格を狙う会社ばかりではないので、長期間、割安のまま放置されることもあります。

▼Cの時点での投資が適合するケース

なんらかの昇格サインが出て、昇格をめざしていることが伝わってくる段階で投資するケースです。

↓メリット　：昇格までの想定期間が短く、効率的な投資が可能となります。

↓デメリット：昇格サインが優待新設の場合、とくに株価が高騰する傾向があるので、高値づかみのリスクがあります。短期的には株価が高騰していても、まだ割安と言えるのかどうか、自分で分析できないと大きな成果は得られません。

▼Dの時点での投資が適合するケース

昇格日が事前に読める場合に、その近辺に向けて買っていくケースです。

↓メリット　：短期間で勝負できるところがメリットです。

↓デメリット：運悪く昇格を逃すと、いったん株価が大幅下落する可能性が高いです。

個人的には、Cの段階で投資するのが一番好きなパターンです。本章で説明してきたAGSやデリカフーズ、アルビスなども、すべてこのパターンでした。

アビストやダイヤモンドダイニングは、Aの段階で投資していますが、運よく短期間で東証2部に昇格してくれ、株式分割などの昇格サインも出してくれたケースになります。

昇格株投資、よくある質問に答えます

Q．そもそもジャスダック、マザーズ、東証２部などの市場は、どう違うのですか？

A．現在、東証の各市場は、証券取引所によって以下のように位置づけられています。

- **東証１部**：大企業向けの市場
- **東証マザーズ**：中小の成長企業が、近い将来、東証１部へとステップアップしていくための市場
- **東証２部**：中堅企業が東証１部へステップアップしていくための市場
- **ＪＡＳＤＡＱ**：多様な段階にある企業向けの市場

これを見ると、東証マザーズと東証2部が1部へのステップアップのための市場、と明確に位置づけられているのに対し、JASDAQだけが何か「仲間はずれ」と言うか、「分離されている」ような違和感を感じないでしょうか?

それもそのはずで、もともとJASDAQは東京証券取引所ではなく、大阪証券取引所が運営していた市場です。それが、前述したように東証と大証が統合したことで、JASDAQも東証の一部となったのです。なんとなく市場としての位置づけがあいまいなのは、もとは別会社であったことの名残なのだろう、と個人的には考えています。

さらに歴史を遡れば、JASDAQは昔は「店頭登録市場」と呼ばれており、明確に東証との線引きがなされていました。

こうした歴史もあることから、JASDAQ上場銘柄のなかには、店頭登録時代のまだあまり審査が厳しくない時期に上場した企業も多数存在します。こうした企業が東証2部、または東証1部にステップアップしようとすると、厳しい上場審査に耐えられるよう、社内の管理体制を改めて整えなければならない、とも言われています。

これは比較的最近上場した企業についても同様で、東証2部は基本的に「1部へ行くための準備市場」という性格があるので、社内の管理体制をそれなりに整えなければ、JASDAQから2部に行くことはなかなか難しいようです。

こうした事情は、**JASDAQから東証2部に昇格する企業の多くが、将来的には東証1部昇格をめざしているはずだ**、と考える根拠にもなります（マザーズからの「追い出され組」を除く）。「東証2部は1部へ行くための準備市場」という市場の理念がまずあり、さらにJASDAQから東証2部へ昇格するには、実務上の大きな負担が発生することから、企業側の立場から考えればわざわざ東証2部をゴールにするわけがない、ということが言えるからです。

2部昇格の段階でそれなりの負担を強いられる経営者の立場から考えれば、あくまでもゴールは東証1部昇格になるはず、というわけです。

Q. 企業は、どうして東証1部昇格をめざすのですか?

A. 国内には数百万社の会社が存在するとされていますが、「東証1部上場企業」は、そのなかでたった2000社程度しかない「最高峰」の存在です。

そこには抜群の信頼性やブランドがありますから、東証1部に昇格すればその会社も、ブランド力や知名度、信頼性などが大幅に向上することが期待されます。

こうした信頼性の向上は、優秀な従業員の獲得や、金融機関への信用向上による金利負担低下などに直結します。取引先からの信頼も得やすくなり、将来の資金調達のしやすさや、株価への好影響も期待できるでしょう。

こうしたさまざまなメリットを期待して、企業は東証1部昇格をめざすのです。

Q. 早期上場をめざす経営者（企業）と、そうでない経営者（企業）の違いは？

A. 一般論ですが、早期に東証1部昇格をめざそうという企業には、志の高い経営者がいるケースが多いように思えます。
中長期的に目標とする売上や利益規模といった数字ももちろん重要なのですが、それだけではなく、自らの手で社会をよい方向に変えていきたい、と公言している人が多いという印象です（業績がついてこない場合には、きれいごとを言っているように感じられてしまうケースも多いのですが……）。

また、企業のステージとしては成長期、または「すでに成熟してきたけれども、もう1段、ここから改めて成長しよう！」という強い意欲が生まれてきた段階で、1部昇格をめざすケースが多いようです。

これは、割安な価格で昇格候補企業の株を買えた場合には、業績向上による企業価値の向上と、割安な株価の修正という二重のメリットにつながる可能性が高い、ということを裏づけています。

Q. 1部昇格をめざすことを事前公表する企業と、しない企業に別れるのはなぜ？

A. 東証1部昇格をめざしていることを、インタビューや中期経営計画のなかで公言する企業もある一方で、とくにそういった意思表示はないまま、突然に昇格を発表する企業もあります。この違いは、一体どこからくるのでしょう？

推測ですが、本来、東証1部昇格というのは、たとえ企業側にその意向があったとしても、なかなか事前に公言できるものではないのでしょう。

昇格に当たって行われる東証側の審査では、口絵2で紹介している形式基準だけではなく、社内体制の整備などについてもさまざまな審査が行われます。

確実に1部に昇格できるとは限らないため、**事前に公言してコミットするのは、昇格しようとする企業にとってもリスクが大きい**のです。首尾よく昇格できればいいのですが、そうでない場合には、経営陣がその責任を問われかねません。

それでも公言している企業というのは、従業員の士気を高めるためであったり、株主にアピールするためであったり、あるいは有言実行とすることで絶対にやりきるんだ、という流れが生まれるのを期待したりしているのでしょう。

投資家側からすると、公言してくれる企業のほうが勢いを感じますし、昇格に向けた意思を明確に確認できるので、好ましいのは言うまでもありません。

【第４章のポイント】

- 優待バリュー株投資に、「東証１部昇格へ先回りする」という視点を加えるとさらに勝てるようになる
- 東証１部に昇格すると一般に株価が上がるが、昇格発表のあとでは遅い。先回りしなければならないが、優待バリュー株ならその間の長期保有リスクを抑えられる
- 株主数や時価総額の昇格要件を満たすため、企業は優待の新設や拡充、株式分割、市場外分売などの施策を行う。そこに注目すれば、近い将来の昇格の可能性を探ることが可能
- 経営者などが事前に昇格への意志を表明することもある
- 王道パターンは「ＪＡＳＤＡＱ→東証２部→昇格サイン点灯→東証１部」
- ＪＡＳＤＡＱや東証２部の企業が株主優待を新設したら、昇格の可能性を考えて、まずは株主数と時価総額をチェックしてみる

- 東証2部へのＩＰＯ銘柄や、地方市場から東証2部に移ってきた企業では、「1年ルール」を意識した作戦を立てるとよい
- マザーズから東証2部への移籍は、「追い出された」ケースも多いので要注意
- 地方市場からの昇格銘柄では、大きなリターンを得られることがある
- 流通株式に関する昇格要件を熟知すれば、株式分割などの可能性を「読む」こともできる
- 優待の新設に先回りする手法も模索されている
- 資産面、収益面、優待面、昇格可能性の4つの側面から総合的に分析することが大切

第5章

勝ち続ける投資家になる！心とアンテナの磨き方

適時開示情報は必ず押さえる！

本書の最後となる第5章では、私がふだん行っている具体的な情報収集法や、投資に対する心構えなどを書いておきましょう。

自分でチェックをしないと高値づかみしかねない

本書で解説してきた投資法に限らず、優待や業績を重視する投資家なら必ず毎日チェックしなければいけないのが、**東証の適時開示情報**です。URLは以下のとおりですから、ブラウザのお気に入りに登録しておいてください。

＊適時開示情報閲覧サービス　https://www.release.tdnet.info/inbs/I_main_00.html

ここには、東証に上場している企業が開示した、決算情報その他の投資判断上重要な情報がリアルタイムで掲載されています。

投資家のなかには、自分では適時開示情報を見ず、翌朝の新聞やニュース等の情報を使っている、という方もいるかもしれません。しかしそういう方は、残念ながら**情報収集の面では周回遅れになっている**ことに気づかなければなりません。

本気で株式投資に取り組んでいる投資家たちは、すでに前日のうちにそのニュースを読み込んで分析し、朝の時点ではもう、その日どう動くかを決めているものです。

とくに優待の新設・拡充や株式分割など、本書で解説してきたような昇格サインをきっかけに買いで参入しようという場合には、適時開示情報を自分で見て、リアルタイムでこれらの情報を得るようにしないと、他の投資家に比べて1歩も2歩も出遅れてしまいます。

あなたが動いたときには、すでにその材料による値上がりがひととおり終わったあとで、高値づかみをしてしまう、ということにもなりかねません！

最低でも1日1回はチェックする習慣を

適時開示情報では、決算情報や配当の情報はもちろんのこと、株主優待の新設・変更・廃止、業務提携情報などなど、企業から公表されて株価に影響を与える重要な情報が開示されます。

多くは株式市場の取引時間が終了する15時以降に開示されるのですが、取引時間中に開示がされることもあります。この場合には、それによって株価が大きく動くことも多々あります。

とはいえ現役世代の方では、日中にこの適時開示情報を常に見られる環境にある人はそれほど多くないでしょう。その場合には、最低でも1日に1回、夜にでも役に立つ情報がないかチェックするようにしましょう。

これを習慣化できるかどうかで、あなたの今後の投資家人生が左右されてしまうと言っても過言ではないくらい、大事なことです。

なお、すでにその習慣ができている人で、適時開示情報についてさらに深く知りたい、という探究心がある方には、『適時開示実務入門』（鈴木広樹／同文館出版）という本を読んでみることをお勧めします。

いつ、どんなときに適時開示がなされるのか、詳細に解説されています。

非公式情報はネットで効率的に収集する

適時開示情報は、投資先候補となる企業自身から発信される公式情報でした。

そうではなく、当事者以外の外部の人から発信されるさまざまな情報には、どのようにアクセスすべきでしょうか？

私の場合には、主にインターネットを使って、これらの情報を効率的に収集しています。

ヤフーファイナンスの掲示板はそれなりに使える

私の場合、**時間的な余裕があれば、検討の段階でヤフーファイナンスの掲示板も一応チェックする**ようにしています。最近の主だった投稿を、ざっくりとチェックする程度で十分です。

匿名掲示板という性質上、個人の投資家が好き勝手に書いていますので、好き嫌いは分かれるでしょう。また、それらの投稿の真偽についても、自分で考えないといけないことは言うまでもありません。

しかし、なかにはプロ顔負けの詳細な分析が書き込まれているケースもあるので、ときどきではありますが面白い発見があったりします。

また、**ヤフーファイナンス掲示板への投稿数は、その時点における当該銘柄の注目度のバロメーター**としても参考にできます。

とくに中小型株に関しては、経験的に、株価が低迷して投稿数も少なくなっているタイミングこそが「買いの時期」であり、株価が上昇して投稿数があまりにも増えてきたら「売りの時期」になる、という大まかな目安として捉えることが可能でしょう（もちろん例外もあります）。

各種の投資ブログで銘柄発掘

最近では、個人の投資家が開設している各種の投資ブログからも、有用な情報を得られるケースが多くなっています。

とくに優待株投資をメインにしているブロガーさんの場合は、優待品の具体的な内容や、優待券を使った食事等のサービスの写真が豊富で、優待の価値について文字情報からだけではイメージがつかみにくいときなど、非常に役立ちます。

また、独自の業績分析を売りにしているブログなどもあり、大手メディアに登場するプロのアナリストなどより、遥かに素晴らしい分析力を持っている、と感じる方もかなりいます。

これらの投資ブログについては、少しずつ自分の好みのブログを探していけばよいでしょう。

その際には、まずは入り口として、以下のサイトを訪れてみてはいかがでしょうか？

＊個人投資家パフォーマンスランキング　http://value-ranking.seesaa.net/

このサイトでは、毎週末または毎月末に運用成績を開示している個人投資家さんのブログを、運用成績のランキング形式で紹介しています。

信用取引や短期売買を主な手法にしているブロガーさんのブログも多く含まれているため、ランキング上位のブログのすべてが本書読者のみなさんにとって参考になる、とは必ずしも言えませんが、自分と投資手法が似ているブロガーさんを探し、考え方を参考にしたり、新しい視点や知識に気づくきっかけになったりはするでしょう。

また、毎月末にはランキング参加者がどんな銘柄に投資しているかのポートフォリオランキングも公開されているので、好調な成績を残している複数の個人投資家さんが、現在どのような銘柄に注目しているのかも把握できます。

検索サイトを上手に使って有望銘柄を発掘

東証1部への昇格候補企業を探すには、まず、多少なりともその可能性がありそうな銘柄をピックアップしていく必要があります。この段階については、「会社四季報」などを読んでしらみつぶしに探していく方法もありますし、本書の巻末にもお勧めの銘柄名をいくつか挙げてあります。しかし、より簡単に最新の情報を集められる方法は、検索サイトを使うことでしょう。「東証1部　昇格候補」などのワードでヤフーやグーグル等で検索すれば、すぐにひととおりの銘柄名をピックアップできます。

私自身を含め、昇格株に先回りして投資することを意識する個人投資家さんの数は、徐々に増えています。ですからそうしたブロガーさんのブログで、昇格に関しての分析を見られる可能性もあるでしょう。

あるいは、**保有株や投資を検討中の企業に何か材料が出たときには、ヤフーの「リアルタイム検索」を使って企業名で検索をかけてみる**手法もあります。

この機能では主にツイッターでのつぶやきを見ることができ、その材料に関して一般の人たちがどう感じているのか、短期的な反応を見極められます。

週末には投資本10冊を拾い読み

大きな書店は情報の宝庫！

ここまでに紹介したのは個別企業に関する情報収集法ですが、投資手法全般に関しての情報の更新や、その他の雑多な情報の収集には、私はよく書店を利用しています。

まず、週末の時間の使い方として、私の場合は比較的大きな書店に出かけることが多いです。最近ではイスを置いて試し読みを歓迎している書店があるので、家事や子育ての合間の自由時間に、そのお気に入りの書店に出かけます。

そして、週刊誌や投資関連の月刊誌、書籍の単行本に至るまで、表紙や帯コピーなどで興味を引かれたものをなんでも集めてきて、中身をざっと拾い読みすることが習慣になっています。

2～3時間もあれば、10冊分くらいについてはおおよその中身を把握できます。そのなかからじっくり読んだほうがよい、と思うものを何冊か選んで購入し、家で読むことにしているのです。

とはいえ、そうして拾い読みしたり、じっくりと読んだ雑誌や書籍の情報も、毎回必ず、実際の投資の役に立つ、というわけではありません。

通読したものの、「思ったほど有用な情報はなかったな」となるケースのほうがむしろ多いですし、投資雑誌に関しても本当に役立つ情報はたまにしか存在しません。しかし、本当に有用な情報をきちんとキャッチするには、世のなかのさまざまなことに常日頃からアンテナを張っていないといけない、と私は感じています。

また、当初はそれほど重要とは思わなかった情報から、ふとしたきっかけで新しいアイデアを思いついたりすることもあります。たとえば、私は書店で「飲食店経営」という月刊の専門誌があることを初めて知ったのですが、業績好調な飲食店がいち早く特集されることが多いので、外食企業への投資の際に、参考にできる可能性があるのではないかと最近思っています。

いずれにせよ大事なのは、**本当に役立つ情報が出てきたときに、そこに居合わせて、その情報が有用だと気づく**ことです。ぼた餅が落ちてきたとき、それを拾って食べるには、最低限その周辺に居合わせないといけないわけです。

それには、常にアンテナを張って、情報収集を続けることが大切なのです。その結果として、他人からは「棚ぼた」のようにも見えるチャンスが、あなたの前にも巡ってくるはずです。

私の場合は、義務としてではなく趣味としてこの習慣を続けているので、まったく苦痛ではありませんし、むしろ日々の忙しい生活での楽しみのひとつだと考えています。これからも、書店での週末の一気読みを続けていきたいと思っています。

実店舗の調査に時間を使うのは、あまり効果がない？

これに関連して、週末にはむしろ、外食・小売業などへの投資の事前調査のために、それらの企業の実店舗を訪れてみることに時間を使っている、という人もいるでしょう。

しかし、これが投資の成果につながるかと言われれば、私は少々否定的に考えています。「限られた日の、限られた時間に、お客としてお店に行くだけで重要な何かがつかめるか？」と考えたら、つかめないことのほうが圧倒的に多い、と思っているのです。

実際に、本書でも取り上げたコシダカの株主になったころ、同社が運営するカラオケ店に行ってみたことがあります。

そのとき、客の立場として感じた印象は非常に悪いものでした。もし、その客としての印象から同社株を早期に手放してしまっていたら、せっかくの10倍株をみすみす逃してしまったことでしょう。

もしかしたら、その日はたまたまアルバイトの新人店員で、仕事に慣れていなかっただけ、メニューにあるものもたまたま売り切れていただけ、あるいはその店舗が実験的なものであっただけ、といったいろいろな可能性が考えられるわけです。

もちろん、投資先の会社を理解したり、応援したりする気持ちで実際の店舗を訪れることは、さまざまな発見の可能性もありますから決して悪いことではありませんし、むしろよいことだと思います。

しかし、**限定された状況での局所的な個人体験を、過剰に重視しないようには注意してください**。株式投資は、あくまでその会社全体に対して投資するものなのです。

迷ったら、迷わずにＩＲに質問する

直球の質問には答えてもらえないこともある

個別企業の情報に関して、これらの手法を駆使しても答えを得られない疑問が出てきたときには、私はあまりひとりで迷わず、その企業のＩＲ（Investor Relations／投資家向け広報）の担当窓口に直接連絡をして質問するようにしています。私は主にメールで質問しますが、電話で質問をする方もそれなりにいるようです。

あるいは、ＩＲフェスタや個人投資家向けの会社説明会、株主総会などの機会を利用し、担当者に直接質問をしてみる、というのでもよいでしょう。

これらの企業は、わざわざそのためにＩＲの担当者を置いているのですから、投資家としても最大限に活用したいところです。もちろん、開示資料から読み取れるようなことは、わざわざ担当者の手を煩わせずに、事前に自分で調べて解決しておくことが大前提です。

実際にＩＲフェスタや個人投資家向けの会社説明会などに行ってみると、「会社四季報」や会社のホームページを見れば書いてあるようなことを、長々と質問している人もたくさんいます。しかし、そんな公開情報をわざわざ質問する段階は、さっさと卒業してしまいましょう。企業のＩＲ担当者が、「この人は、相当にわが社のことを調べているな」と思うような質問をするようにしてほしいと思います。

たとえば、東証2部に上場している企業ならば、担当者に東証1部昇格に関して質問しても面白いでしょう。

ただし、このときに「御社は1部昇格をめざしているのですか？」と直球で質問しても、無意味だとまでは言いませんが、**昇格意向を公表していないのであればインサイダー情報になりかねませんので、素直に教えてくれるはずがありません**。一般論でかわされるのが関の山です。

そうではなく、少し角度をつけて「もう1部への昇格要件は満たしていますか？」とか、「御社が1部昇格するとしたら、どんなメリットが考えられますか？」などと質問してみるといいでしょう。こうした質問への解答の内容や、その際の担当者の態度などから、案外、昇格について真剣に考えているかどうかくらいは感じ取れるものです。

ここで確信を持てたなら、あとは実際の昇格発表を待つだけです。

自分なりの「ゲン担ぎの儀式」をする

少しでも可能性を上げるための努力を続ける

ここまで読んでいただいた読者のなかには、ひょっとすると私が毎回、事前に緻密に情報を分析して、自信満々に投資をして利益も上げまくっている、などと誤解している方がいるかもしれません。

しかし現実には、私もこれまでたくさんの読み間違いや失敗をしてきましたし、大損を出したことも1度や2度ではありません。新しい銘柄を買うときには、本当にこれでいいのかと散々悩みながら、ビクビクしながら買うこともよくあります。

結局のところ、株式投資に関する分析や投資法の研究というのは、「利益が出る可能性を高める」ための行動にすぎないのです。

何も情報がなければ、株価が上がるか下がるかなんてフィフティ・フィフティの確率なのでしょう。しかし、何かしら正しい方向に努力することで、株価が上がる銘柄に投資できる確率が60%や70%に上がることはありえる、と私は信じています。

いくつかの銘柄で損をしたとしても、他の銘柄がその損をカバーしてくれ、全体としてはプラスになってくれることを信じ、これからも投資を続けていくつもりです。

ファースト・ラビットになろう!

いくら分析をしたとしても、**最後の最後は、自分を信じて不確実な世界に飛び込む勇気が必要**です。

決断に迷う場面は、今後も必ずやってきます。そんなときに自分の決断を信じられるよう、何かしら自分だけの「ゲン担ぎの儀式」を行うことを習慣にしてもいいですね。

みなさんは、「ファースト・ペンギン」という言葉をご存知でしょうか?

氷上のペンギンの群れから最初に海に飛び込み、その場所が安全であることを確認し(ときには天敵に襲われて傷つき)、後に続くペンギンたちのために道を拓くペンギンのことです。

そこから転じて、ある集団のなかでリスクがある場所に最初に飛び込み、道を拓く者を指す言葉として使われています。

私は、いつからかこの言葉が気になり始め、投資家としてこのような存在になりたい、と思うようになりました。ただ、どちらかと言えばこの「ファースト・ペンギン」は、勇敢に新しい市場を切り拓くベンチャー企業家の精神を表す言葉として使われることが多く、自分自身に当てはめてみると、ちょっと違うかもしれないとも感じていました。

ちょうどそんな時期、ＡＫＢ48の「ファースト・ラビット」という歌を聴く機会がありました。歌詞を読んでみると、自分自身が過去に大きな投資を決断したときの心境と、かなりシンクロするものがあり、驚いた記憶があります。

それ以降、何かしら大きな投資上の決断をしようとして悩んでいるときには、この歌の歌詞を読むようにしています。そうすると、迷いが吹っ切れることがあるのです。

歌詞に触発されて、自分がどういう投資家になりたいと思っていたのか、初心を思い出し、自分を信じて買い注文を出せるようになるわけです（もちろん、それでも迷い続けることもよくありますが……）。

ファースト・ラビットの歌詞には、好奇心旺盛なウサギが、ビクビクしながらも新しい道へ

図39 ● ダイヤモンドダイニング（3073）の週足チャート

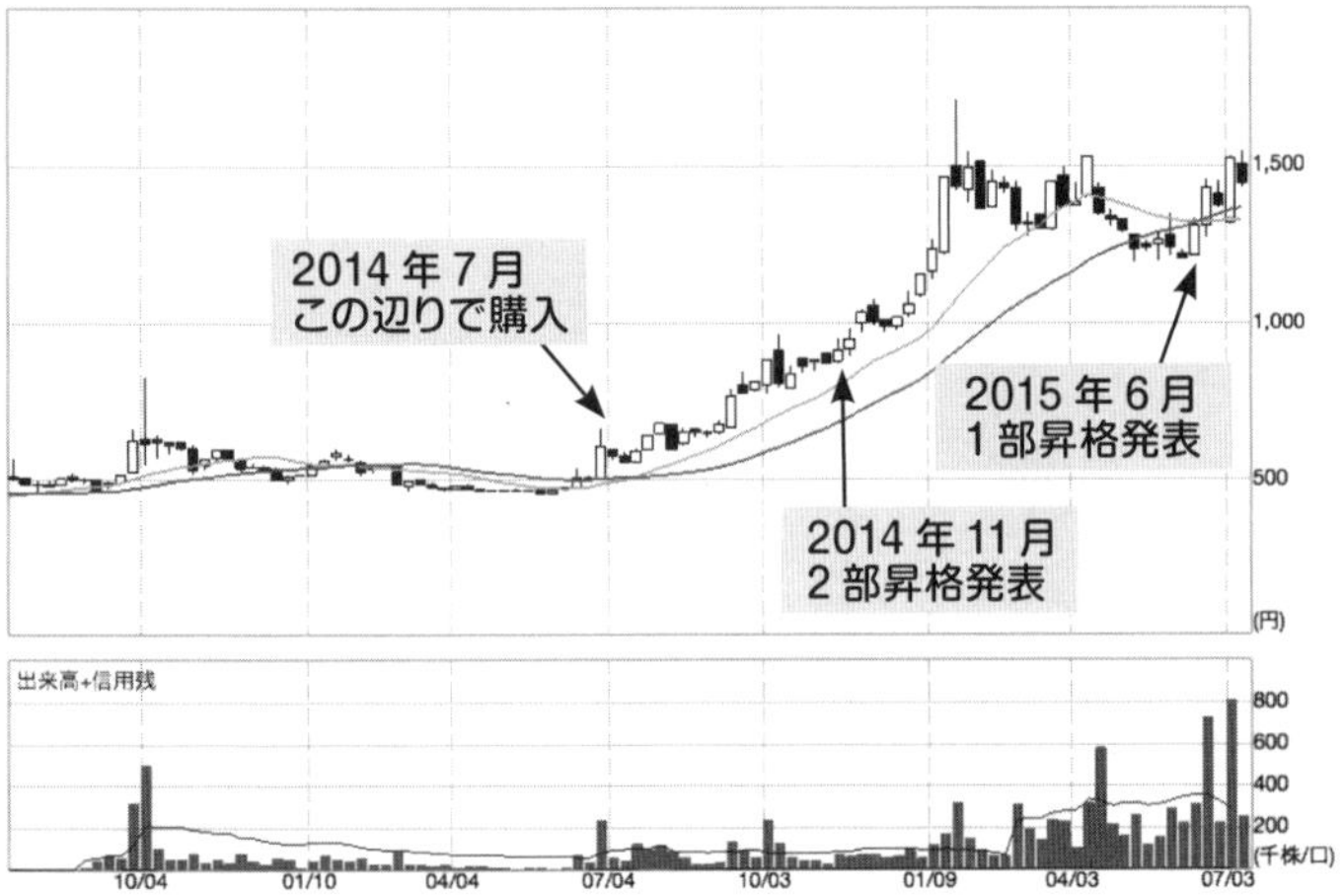

と歩み出していく姿が歌われています、その様子が、新しい銘柄を買おうとするときに、失敗するかもしれないと悩みながら資金を投じる自分の心境に、ぴったりと当てはまることが多いのです。

たとえば２０１４年７月には、少しだけ前述したダイヤモンドダイニングの株を、自らのポートフォリオの主力として一気に買ったときが大きな決断でした。

当時はまだ業績も低迷しており、ネット上でもこの銘柄に注目している人はほとんどいなかったため、たくさん分析をして「これから、かつての好業績を取り戻し、東証２部、そしていずれは１部昇格に向けて株価が上がっていくはずだ」と確信したものの、本当に大丈夫だろうか、という迷いがなかなか吹っ切れませんでした。

それでもこの歌の歌詞を読んで、自分がファースト・ラビットになるのだ、というつもりで大きな資金を投入したのです。

結果は、チャートのように大きな成果につながりました。

同社株にはその後、多くの個人投資家が参戦していくのですが、その様子を個人投資家パフォーマンスランキングの「ポートフォリオランキング」からも確認しています。まさに、自分自身がファースト・ラビットとして道を切り拓いたように思えた事例です。

その後、ダイヤモンドダイニングは好業績に転換するとともに、2014年11月に東証2部に昇格。そして2015年6月には、東証1部昇格を果たし、見事に最短で期待に応えてくれました。わずか1年前のあの日、不確実な世界に飛び込む勇気を振り絞った初心を、今後も忘れずにいたいものです。

私の事例はあくまで参考ですが、みなさんも何かしら自分なりの「ゲン担ぎ」の方法を確立しておくと、「勝負すべき場面」で実際に行動を起こせるようになるかもしれませんね。

【第5章のポイント】

- 各種の昇格サインの情報やその他重要情報は、適時開示情報閲覧サービスを利用して、必ず自分で、最低でもその日のうちに入手する
- 検討段階ではヤフーファイナンスの掲示板も一応チェック
- 個人の投資ブログや検索サイトも役に立つ
- 大きな書店には投資に使える情報も豊富。自分なりに活用を
- 本当に有用な情報は少ないが、常にアンテナを磨いておかなければ、棚から落ちてくるボタ餅に気づけずに終わる
- 各企業が設置しているＩＲ窓口もフル活用する
- 先回りすればするほど、自分が「ファースト・ラビット」になる勇気が必要になる。自分流のゲン担ぎの儀式を行うのも意外に効果的

大きなリスクを取らなくても「億り人」になれる!?

実行に移してこそ価値がある

「額に汗して働く」という言葉があります。もちろんこの言葉自体には、私自身、それほど異論はありません。しかし残念ながら、この言葉はときに「大した労力もかけずに稼いでいるように見える人」を、悪く言うために使われることがあります。

「株をやっている奴らは、額に汗して働くことの大切さをわかっていない！」

などといった感じで使われるわけです。

しかし、少しでも株を手がけた経験がある方であれば、こうした言葉の使い方が、あまり実態を表していないこともよくご存知でしょう。

投資家は、額ではなく脳味噌に汗して稼いでいるのです。日々、考えに考え抜いたあとで、大きな損をするかもしれない、というリスクを自己責任で引き受けて、ときにはビクビクと不安にさいなまれながらも投資を実行しています。大事な資金を手元から一度手放してこそ、大きなリターンを得られる可能性が出てくるからです。

「不労所得」なんてとんでもない！　むしろ、株で結果を出している人の多くは、「過労所得」気味に投資に取り組んでいる人である、というのが、さまざまな投資ブロガーさんたちと長年交流してきた、私の印象でもあります。

そんな厳しい株取引の世界にあって、株主優待は心のオアシスになりえます。大きな荷物から小さな食事券に至るまで、優待が自宅に送付されてきたときの喜びの報告を、さまざまな投資ブログで見かけます。

しかし、株主優待を得るだけで終わってはもったいない。株主優待の制度から派生する世界は非常に奥深く、個人投資家の大きな武器にもなるのです。本書は、そこに気づいてもらうために綴《つづ》った本、と言っても過言ではありません。

本書の冒頭でも述べたとおり、株式投資は「正解がひとつではない世界」です。そうした不確実な世界ですから、本書を読んだからといって、いきなり明日から儲かり続ける、ということにはならない可能性が高いでしょう。株の世界は、そこまで甘くはありません。

しかし、読者のみなさん一人ひとりにとっての「あなただけの正解」を見つけるきっかけに、本書がなってくれれば嬉しく思います。

株主優待や東証1部への昇格を利用する投資は、投資対象に制限のない個人投資家向けの手法です。日本株で効率的に資産形成を行うためには、機関投資家と同じ土俵で戦うことを避け、個人にしかできない投資法を追求すべきです。それを実現するためのひとつの提案を、本書ではしてきました。

しかし、読んで納得しただけではなんの意味もありません。日々、情報が更新される現実の株式市場においては、ここに書かれた内容も、出版後1分1秒が経つごとに、どんどん古い情報になっていくからです。

読者のみなさんが自分自身で、実際にさまざまなことを調べ、考え、悩んで、実行に移してこそ、この本を読んでくださった意味があると考えます。そうして学び続ける習慣をつくることこそが、一番大切だと私は思います。

優待バリュー株投資は切磋琢磨しながら生まれてきた

さて、優待バリュー株投資の理論は、ネットの世界で、さまざまな投資家が自らのノウハウをブログ上などで公開し、お互いに切磋琢磨するなかから自然発生的に生まれてきたものだと思います。

私自身、その過程のなかで大きな貢献をしてきた自負はありますし、この手法を本書のように明確に理論づけて世に問うたのは、私が最初だとも考えています。しかし、この手法が決して私だけの力で形になったものではないことは、ここでひと言述べておくのがフェアというものでしょう。

東証1部昇格株を狙う手法は、昔から一部では知られた手法だったようです。また、投資ブログの世界でも、J-Coffeeさんなどがこの手法を広める先導役を務めました（最近では、ブログは更新されていないようです）。

また、優待バリュー株投資については、「優待四天王」のひとり、みきまるさんをはじめとするさまざまな投資家ブロガーの方々の知恵とノウハウの集合知が、本書で述べてきたようなノウハウのベースとして、私に大きな影響を与えていることは間違いありません。

私は、それらの集合知から落ちてきたしずくの一滴を、より多くの一般個人投資家のみなさんに紹介しているわけです。この切磋琢磨はいまでも続いていますから、読者のみなさんの感想や新しいアイデアを還元していただければ、きっとよりよいノウハウが生まれてくるはずです。そこから、「あなたにとっての正解」を引き出してください。

デイトレや信用取引をしなくても億り人になれる

最後に、今後の投資上の目標について。

当面の私の目標が、資産1億円以上の「億り人」になることであるのは、すでに述べたとおりです。実はこの目標は、昨今の投資ブログの世界ではごく一般的なものです。

そして、その「億り人」達成には、デイトレードや信用取引などの手法を駆使し、一歩間違えば人生設計が破たんしてしまうような大きなリスクを取らなければ、なかなか無理だろうと考える人が多いようです。

しかし、本書で紹介してきた「優待株投資」と「昇格株投資を意識した優待バリュー株投資」を組み合わせることで、そのような大きなリスクを取らなくても、多少時間をかければ十分に「億り人」に辿り着けるのではないか、と私は考えています。

実際にそれを証明するために、まずは私自身が「億り人」の壁を突破し、その状態を何年にもわたって維持できればと考えています。それが、私自身の当面の目標です。

ひとまわり上の世代の「億り人達成者」さんたちの場合、資産家になった自分へのご褒美として、高価な腕時計を購入するなど消費意欲が旺盛な方たちも少なくありません。

しかし、私自身に関して言うと、元来あまり物欲がないようで、資産100万円未満のころと資産9000万円台の現在を比べても、金銭感覚にほとんど変化がありません。せいぜい、使える優待が徐々に増えてきたために、外食やレジャー施設などに行く頻度が増えたくらいです。おそらく、それは今後も変わらないでしょう。

今後はお金の使い方も考えなければなりませんが、物ではなく時間を買うという選択肢に、むしろ惹かれます。いまはまだ給与をもらう立場にいますが、資産が安定的に「億」の大台を維持するようになれば、徐々に給与を主目的として働く必要がなくなっていくことでしょう。

そのとき、たとえ無報酬でもやりたいことは何か？　また、そうなったとき、自分はどんな価値を世のなかに提供できるのだろうか？　最近はそんなことを考えるようになっています。いろいろな投資法があっていいように、いろいろな生き方があっていいのだと思います。こ れからは現状の投資法を追求するとともに、自分自身の生き方も考えていく段階になるのでしょう。

優待バリュー株投資や昇格株投資は、そんな段階にまで私をつれてきてくれました。みなさんも、ぜひ自分なりの方法で、自らの人生を切り拓いてほしいと願い、筆を置きたいと思います。最後まで読んでいただき、ありがとうございました。またいつでも、ブログでお待ちしています！（本書刊行直前の2015年7月24日、1億円の大台に初めて到達しました！）

v‐com2

おまけ ● 投資に役立つお勧めブログ＆書籍の紹介（ごく一部ですが）

「優待マニア」さん向けお勧めブログ

→ 毎日優待三昧 （rikaさん）
http://d.hatena.ne.jp/yuutaizanmai/

本文でも触れたように、初心者のころから参考にさせていただいているブログです。カバーしている優待の範囲が非常に広く、どんな優待があるのか、読んでいるだけでも楽しめるでしょう。

→ かすみちゃんの株主優待日記 （かすみさん）
http://blog.livedoor.jp/setuyaku999/

優待の新設・変更情報の速さでは、長年、トップクラスを維持し続けています。優待商品そのものや、優待券を使った食事等のサービスの写真がたくさんあり、優待内容をイメージする際に参考になります。

「バリュー投資家」さん向けお勧めブログ

→ すぽさん投資ブログ （すぽさん）
http://sprn.cocolog-nifty.com/

読者と議論をすることでより深い企業分析を行う、という斬新な切り口のブログです。ほかの人の議論を見ることで刺激を受けますし、これくらいの議論ができるレベルまで、自分を引き上げなければならないな、とも思わせてくれるブログです。

「優待バリュー投資家」さん向けお勧めブログ

→ みきまるの優待バリュー株日誌 （みきまるさん）
http://plaza.rakuten.co.jp/mikimaru71/

「優待バリュー株投資」を公言されているブロガーさんのなかでは、もっとも有名なブログでしょう。私も、当初はみきまるさんの手法を取り入れた結果として、徐々に自分のオリジナルの投資法が出来上がってきました。直接お会いしたことはまだありませんが、投資銘柄が重なることも多く、日々の投稿内容で切磋琢磨できる存在だと思っています。

→ **犬次郎株日誌**（犬次郎さん）
http://kabuinujiro.blog.fc2.com/

人気急上昇中の株漫画を掲載しているブログです。とにかくセンスが抜群なので、日々の投資生活に癒しを与えてくれるでしょう。本業では決算を作成するお仕事に従事されているようで、おちゃらけた内容の反面、専門知識を活かした企業分析もしっかり行って、優待生活を楽しんでいらっしゃるようです。

「バリュー株投資」をめざす方へのお勧め書籍

１冊でバリュー株投資のすべてがわかる本は存在しません。そこで、ことバリュー株投資に関しては「バフェット」と名のつく本をすべて読んでいくことをお勧めします。翻訳本は余分な情報も多いため、まずは日本人の書いたバフェット解説本を読むといいでしょう。小手先のテクニックよりも、早い段階で「投資の哲学」や「投資に際しての思考法」を身につけるよう、意識してください。

→ **『バフェットと竹田和平　富を築く大富豪の教え』**
（三原淳雄／日本文芸社／2009年）

世界一の投資家バフェットと、日本一の個人投資家と言われる竹田和平氏の投資哲学を対比しながら、それぞれの投資手法に迫っていく本です。具体的な投資手法の解説はわずかですが、細かな手法の研究の前に、自分がどういう投資を行いたいのか、「哲学」がないといけないのだ、ということを理解できます。

→ **『バフェットの投資原則』**
（ジェネット・ロウ／ダイヤモンド社／2008年／新版）

バフェットの過去の発言を集め、どのような投資哲学を持っているかを解説した本です。投資だけではなく、最後には人生哲学にまで発展していきます。

→ **『投資で一番大切な20の教え』**
（ハワード・マークス／日本経済新聞出版社／2012年）

バフェット本人が、自身の会社の株主総会で配布したと言われる良書の翻訳です。やや難易度が高いのですが、何度も読み返してこの本のよさがわかるようになってきたら、あなたも立派な「バリュー投資家」さんになった、と言えるのかもしれません。